LIVE LOVE OLIVE

Genießen mit Olivenöl

10 JAHRE noan

echomedia BUCHVERLAG

Impressum:
ISBN: 978-3-903113-50-3

echo medienhaus ges.m.b.h.
Herausgeber: Margit und Richard Schweger
Produktion: Ilse Helmreich
Layout: Elisabeth Waidhofer
Lektorat: Tatjana Zimbelius
Mitarbeit: Cornelia Seirer, Bianca Marton, Matthias Eckkrammer, Camilla Kaiser
Illustrationen: CURARCHITECT – Mia Papaefthimiou
Covergestaltung: Cornelia Seirer, Elisabeth Waidhofer
Coverfoto: Florence Stoiber

Cover-Dekoration:
Tisch-Textilien & Geschirr u. a. bereit gestellt von Limonta Home AUT GmbH
Lerchenfelder Straße 15, A-1070 Wien
www.societylimonta.com

Blumenschmuck bereitgestellt von DAS FLORarium UND SEINE KÜNSTLER
Herbeckstraße 73, A-1180 Wien, dasflorarium73@hotmail.com
Tel.: 01/890 26 51

Herstellungsort: Wien

Besuchen Sie uns im Internet:
www.echomedia-buch.at

Inhalt

Wir feiern 10 Jahre NOAN!

Wir können es selbst kaum glauben: NOAN ist 10 Jahre alt! Bei der ersten Pressung unseres Olivenöls wussten wir nicht, wohin uns diese Reise führen würde. Heute, ein Jahrzehnt später, sind wir mit NOAN auf unserem Weg über uns hinausgewachsen.

Neben unserem ersten Olivenöl, dem Classic, befinden sich mittlerweile sieben weitere Köstlichkeiten rund um Öl, Essig, Oliven und Macadamia-Nüsse in unserem Genuss-Sortiment. Das breitere Portfolio und die steigende Nachfrage ermöglichten unseren Traum vom sozialen Unternehmen. So entwickelte sich aus unserer Ursprungsidee, sozial benachteiligten Kindern zu helfen, eine Child Foundation, mit der wir bereits 18 Projekte in acht verschiedenen Ländern unterstützen konnten. Seit unserer ersten Spende wurde das gesamte Spendenvolumen jährlich größer, sodass es dieses Erntejahr über die unglaubliche Summe von € 200.000,– hinausschießen wird! Das ist nur mit Hilfe der großartigen „Friends of NOAN" möglich. Dazu gehören langjährige Freunde, Blogger und Gastronomen sowie international prämierte Sterne- und Haubenköche, mit denen wir 2017 gemeinsam das NOAN-Kochbuch „Live Love Olive" verfasst haben.
Um unser Jubiläum gebührend zu feiern, haben wir ein wunderbares Zitronen-Olivenöl kreiert, das mit fruchtig-erfrischendem Geschmack überzeugt. Dafür sorgen die hochwertigen und natürlichen Essenzen von sonnengereiften italienischen Zitronen. Diesem aromatischen Jubiläums-Öl widmet sich die Crème de la Crème der österreichischen Kochszene in dieser Limited Edition von „Live Love Olive". In zehn neuen und exklusiven Rezepten zeigen Ihnen ausgezeichnete Köche, wie Sie damit den Sommer in Ihre Küche bringen – zu jeder Jahreszeit. Daneben finden Sie zahlreiche köstliche Rezepte von pikant bis süß, mit verschiedenen Schwierigkeitsgraden, die mit den unterschiedlichen Noten unserer Olivenöle verfeinert werden. Die wesentlichen Merkmale der Sorten, wissenswerte Informationen zur Herstellung und die positiven, gesundheitsfördernden Eigenschaften bringen wir Ihnen in unserem Olivenöl-Guide näher. Tauchen Sie in die Welt von NOAN ein, erweitern Sie Ihren Olivenöl-Horizont und genießen Sie das flüssige Gold, das unsere Küche so vielfältig macht.

Und zu guter Letzt: Feiern Sie mit uns! Denn Sie, liebe Lesende, ermöglichen als „Friends of NOAN", dass unsere Reise voller Engagement und Tatendrang weitergeht. Auf die nächsten 10 Jahre!

Herzlichst,
Margit und Richard Schweger

Olio Portfolio – Olivenöl ist nicht gleich Olivenöl

Wenn Sie richtig gutes Olivenöl suchen, müssen Sie es probieren. Zuerst riechen, dann kosten; es pur im Mund seine Wirkung entfalten lassen, denn ein Etikett allein sagt oft sehr wenig über die Qualität des Inhalts aus.

Eine Olive ist eine Frucht und Olivenöl folglich ein Fruchtsaft. Und nur einem guten Olivenöl merkt man das auch an. Sie müssen die Fruchtigkeit riechen können, noch bevor das Öl überhaupt Ihren Gaumen berührt hat. Probieren Sie es einfach aus: Geben Sie etwas NOAN Olivenöl und einige andere Olivenöle in kleine Gläschen und testen Sie sie blind, zuerst mit der Nase, dann mit dem Gaumen. Professionelle Olivenölverkoster wärmen das Öl in ihren Händen etwas an. Nippen Sie eine kleine Menge und lassen Sie sie auf alle Bereiche des Mundraums einwirken, von der Zungenspitze bis zum Rachen.

Wirklich gutes Olivenöl muss drei wesentliche Merkmale aufweisen: Das wichtigste und prägnanteste Merkmal ist das wohlriechende Fruchtaroma, das später auch im Gericht voll zur Geltung kommt. In dieser Fruchtigkeit liegt die wahre Vielseitigkeit des Olivenöls, denn je nach Sorte findet man darin unglaublich facettenreiche Geruchs- und Geschmacksnoten: von grünen und reifen Tomaten, frisch geschnittenem Gras oder belebender Minze über Apfel, Mandel, Artischocke bis hin zu süßlichen Tönen von Banane oder Beeren – die Liste ist schier endlos.

Die beiden anderen Merkmale treten in einer fertigen Speise in den Hintergrund, gerade deshalb muss man das Öl auch pur kosten. Man sollte zum einen eine gewisse Schärfe feststellen. Ein leichtes Kratzen am Gaumen mag für Olivenöl-Laien anfangs etwas irritierend wirken, ist in Wahrheit aber ein Hinweis, dass man es mit einem guten Öl zu tun hat. Ebenso sollte man feine Bitternoten schmecken. Diese sind genauso wie die Schärfe ein Zeichen für einen hohen Polyphenol-Anteil, jene sekundären Pflanzenstoffe, die maßgeblich für den Gesundheitsaspekt eines Olivenöls verantwortlich sind.

Sie schützen Ihren Körper vor dem Altern und das Öl vor der Oxidation, dem „ranzig Werden".

Olivenöle der ersten Güteklasse sind mit dem Label „extra virgin" oder „Natives Olivenöl Extra" versehen. Das bedeutet unter anderem, dass das Öl nur durch mechanische Verfahren gewonnen wurde, es keine organoleptischen Defekte aufweist und einen Säureanteil von maximal 0,8 % hat. Leider sind diese Label keine Garanten dafür, dass Ihnen ein Öl auch entspricht. Da helfen einmal mehr nur das Riechen und das Kosten. Wenn ein Olivenöl stechend, leicht modrig oder einfach nach fast gar nichts riecht oder schmeckt, zeugt das von minderer Qualität.

Grünes Gold ...

Der Ursprung des Olivenöls ist ohne Zweifel der mediterrane Raum, über neunzig Prozent der weltweiten Olivenölproduktion findet hier statt. Das meiste Olivenöl wird in Spanien erzeugt. Es ist übrigens auch das einzige Land, das seinen Eigenbedarf decken kann, gefolgt von Italien und Griechenland, dem Land mit dem höchsten Pro-Kopf-Verbrauch. Kein Wunder – im Ursprungsland unseres NOAN Classic ist der Olivenbaum und seine Frucht so stark mit der Kultur verbunden wie nirgendwo sonst auf der Welt.

Gut gemachtes Olivenöl schmeckt nicht nur ausgezeichnet, sondern ist nachweislich gesund. Die bereits erwähnten Polyphenole etwa sind Antioxidantien, die im Körper entzündungshemmend, krebsvorbeugend und positiv auf den Cholesterinspiegel wirken. Zudem schützen sie nicht nur das Olivenöl vor dem Altern, sondern auch Ihre Zellen. Gemeinsam mit dem in Oliven enthaltenen Vitamin E haben sie einen verlangsamenden Effekt auf die Zellalterung. Erst vor kurzem konnten Salzburger

Wissenschaftler nachweisen, dass Olivenöl den Reinigungsprozess der Zellen antreibt und sie dadurch jung hält. Olivenöl ist quasi ein natürliches Anti-Aging-Produkt. Aber nicht nur innerlich, auch äußerlich hat das grüne Gold viele positive Wirkunken, zum Beispiel für die Pflege von Haut, Nägeln oder Haaren.

... und wie es gemacht wird

Damit Olivenöl all seine positiven Eigenschaften auch tatsächlich entfalten kann, muss es besonders sorgfältig und schonend produziert werden. Dabei kommt es sowohl auf Erntezeitpunkt, Auswahl der Früchte und Pressverfahren als auch auf die weitere Verarbeitung, das Gebinde und die Lagerung an.

Für unsere NOAN Olivenöle werden die überwiegend noch grünen Oliven manuell geerntet und nur die ganzen, unbeschädigten Früchte für die weitere Verarbeitung verwendet. Das muss innerhalb weniger Stunden geschehen, damit der Oxidationsprozess gering gehalten wird und möglichst viele Polyphenole erhalten bleiben.

Die Oliven kommen in eine Bio-Ölmühle, wo sie schonend und bei optimaler Temperatur zu einer Maische zerkleinert werden. Diese wird danach in einer Zentrifuge in ihre Bestandteile Öl, Fruchtwasser und Reste des Kerns und Fruchtfleisches getrennt. Das Öl ruht dann erst einmal einige Tage, damit sich Rückstände der Olive ablagern können. Schließlich wird das Öl noch einmal durch spezielle Zellulosefilter optimiert, in denen die restlichen organischen Feststoffe sowie Wasserteilchen hängen bleiben.

Bei der Aufbewahrung ist es sehr wichtig, dass weder Licht noch Sauerstoff an das Olivenöl kommen, denn das würde die Oxidation des Öls beschleunigen. Deshalb wird das Öl vor dem Abfüllen in großen Edelstahltanks gelagert, unter Sauerstoffausschluss und kontrollierter konstanter Temperatur. Von dort wird das Olivenöl in regelmäßigen Abständen frisch in Einzelverpackungen abgefüllt. Dazu verwendet NOAN Weißblechdosen, da diese für die

Aufbewahrung besser geeignet sind und auch leichter recycelt werden können als herkömmliche Einwegflaschen. Die optimale Lagertemperatur liegt bei 14 bis 18 Grad Celsius. Am besten stellen Sie Ihr Olivenöl an einen kühlen Ort, perfekt geeignet ist etwa ein Weinkühlschrank.

Und am Ende die große Frage: Darf man Olivenöl erhitzen?

Um ein Ammenmärchen aus der Welt zu schaffen: Ja! Denn wenn man Olivenöl nicht erhitzen dürfte, wären ganz Italien und Griechenland wohl schon lange verhungert.

Olivenöl eignet sich hervorragend zum Braten und Kochen, es kommt aber wie so oft auf die Qualität an. Grundsätzlich sollte man Fette und Öle nicht so weit erhitzen, dass optisch eine Rauchentwicklung erkennbar ist, da dabei schädliche Stoffe freigesetzt werden können. Bei gutem, extra nativen Olivenöl liegt dieser Rauchpunkt bei etwa 180 °C, Erhitzen bis Braten ist daher gar kein Problem.

Lemon

DAS ERFRISCHENDE OLIVENÖL AUS GRIECHENLAND

Das delikate Zitronen-Olivenöl vereint griechischen Genuss und italienisches Temperament. Es basiert auf dem erstgeborenen NOAN Classic von der Halbinsel Pilion in Griechenland, welches mit hochwertigen und 100 % natürlichen Zitronenessenzen verfeinert wird.

Die verwendeten Zitronen wachsen und reifen unter der sizilianischen Sonne und werden ohne künstliche Zusätze zu puren Extrakten verarbeitet. Diese werden getrennt vom Olivenöl gelagert und erst bei Abfüllung beigemengt. Dadurch können wir für ein besonders frisches Aromaolivenöl mit intensivem und langanhaltendem Geschmack garantieren.

Das Olivenöl extra vergine mit elegant-mediterranen und grünen Noten bildet die Basis der Geschmackspalette. Die Zitronenessenzen sorgen für das fruchtig-pikante Aroma. NOAN Lemon ist somit das perfekte Öl für einen frischen Genuss und erinnert zu jeder Jahreszeit an warme Sommertage.

Das Zitronen-Olivenöl eignet sich ideal für edle Fische und Krustentiere, für rotes Fleisch wie zum Beispiel Lamm sowie verschiedene Geflügelarten wie Huhn, Pute, Ente und Wildgeflügel. Es passt perfekt zu Pasta, verfeinert eine Vielzahl von Salaten und Gemüse und ist eine erfrischende Abrundung für Desserts wie Kuchen, Mousse und Sorbets.

10 YEARS LIMITED EDITION
noan
OLIVE OIL
EXTRA VIRGIN
BIO • ORGANIC
LEMON
10 YEARS NOAN
CHILD FOUNDATION

Intenso

DAS VOLLMUNDIGE OLIVENÖL AUS ITALIEN

Dieses Olivenöl trägt eine kräftige Dosis italienische Lebensfreude in sich. Für das Intenso arbeitet NOAN mit Bauern aus verschiedenen Teilen des Landes zusammen: Jedes Jahr wählt der Olivenölexperte Duccio Morozzo della Rocca die Region mit der besten Ernte der hochwertigsten Olivensorten für uns aus, etwa der Sorten Nocellara del Belice oder Itrana. So hatte das Intenso seinen Ursprung auf Sizilien, in Kalabrien und im Latium.

Es ist sowohl in Geschmack als auch Geruch ein sehr intensiv-fruchtiges, vollmundig-würziges Olivenöl – das kräftigste unserer drei Öle. Sein Charakter wird geprägt durch die Aromen von Tomatenblättern, einem reichen Bouquet aus Kräutern wie Thymian oder Basilikum, und es trägt einen Hauch frischer Walnuss, grüner Banane, weißen Apfels und Minze in sich.

Das Intenso ist perfekt geeignet für kräftige Fleischsorten wie Rind, Kalb oder Wild, gehaltvolle Fische wie Thun- und Schwertfisch oder Sardinen, Sughi, Bruschette, Melanzani, Tomaten und Chicorée sowie Käse, etwa Mozzarella, Ziegenfrischkäse und Schafkäse.

noan
OLIVE OIL
EXTRA VIRGIN
BIO • ORGANIC
INTENSO
NOAN
CHILD FOUNDATION
250 ml (8.45 fl. oz.)

Classic

DAS FACETTENREICHE OLIVENÖL AUS GRIECHENLAND

Das Classic ist das erstgeborene der drei NOAN Olivenöle und hat seinen Ursprung auf dem Pilion, einer naturbelassenen Halbinsel im Osten des griechischen Festlandes. In enger Zusammenarbeit mit ortsansässigen Kleinbauern werden hier nur die besten der noch grünen Oliven der Sorte Amfissa für die Weiterverarbeitung ausgewählt. Diese ist eine der elegantesten mediterranen Olivensorten, die aber nur in einem kleinen Teil von Griechenland zu finden ist. Ein Amfissa-Olivenöl ist somit international eine echte Rarität. Mit ihrem feinen, festen Fruchtfleisch wird diese Sorte auch als Tafelolive verwendet – bei NOAN im Glas in der Salzlake zu finden.

Das NOAN Classic ist ein mittelfruchtiges Olivenöl, das auf seine einzigartige Weise reich an Geschmacks- und Geruchsnoten ist, aber niemals ein Gericht dominiert, sondern es beflügelt. Seine feinen Aromen bleiben am Gaumen haften und sie erinnern an frisch geschnittenes Gras, Tomaten, mediterrane Wildkräuter, schwarzen Pfeffer und grüne Mandeln. Gepaart mit sanften Bitterstoffen und einer dezenten Schärfe machen diese Geschmacksnoten das Classic zu einem Olivenöl-Juwel mit sanftem und doch pfeffrigem Abgang.

Besonders gut ergänzt es Geflügel oder Lamm, feine Fische wie Wolfsbarsch und Zander sowie Salate und Süßspeisen. Darüber hinaus macht es seine perfekte Ausgewogenheit zu einem allseitig verwendbaren Olivenöl, das den unterschiedlichsten Speisen den letzten kulinarischen Schliff verleiht.

noan
OLIVE OIL
EXTRA VIRGIN

Douro

DAS AROMATISCHE OLIVENÖL AUS PORTUGAL

Das NOAN Douro trägt seinen Namen mit Stolz, denn es hat ihn durch die Region, aus der es stammt. „Alto Douro" ist die älteste geschützte Weinbauregion der Welt und liegt im Nordosten Portugals. Das Gebiet ist nicht nur für die Herstellung exzellenter Port- und Rotweine bekannt, sondern beherbergt auch eine einzigartige, aromatische Olivenkultur. Mardural, Negrinha, Cobrançosa und Verdeal Trasmontana – so heißen jene vier charakteristischen Sorten, die nur hier gemeinsam gedeihen und aus denen das NOAN Douro gepresst wird. Es ist sozusagen ein gemischter Satz, einzigartig in Geschmack und Qualität.

Seinen Charakter verdanken wir auch dem Wetter: Wenig Regen, sehr kalte Winter und heiße Sommer, in denen es nachts stark abkühlt, führen dazu, dass die Oliven ihre Aromen besonders stark konzentrieren. Das zeigt sich im leicht- bis mittelfruchtigen NOAN Douro vor allem an seinen besonders ausgeprägten Duftnoten.

Geruch und Geschmack erinnern an weißfleischige Früchte wie Apfel und Birne, an aromatische Kräuter wie Rosmarin sowie an grüne Tomaten. Auch ein Hauch belebender Minze schwingt mit und gibt dem NOAN Douro den besonderen Frischekick.

Es ist die perfekte Ergänzung für Fisch und Meeresfrüchte, etwa für Kabeljau, Lachs oder Krustentiere. Darüber hinaus passt es hervorragend zu weißem Fleisch oder Lamm, zu vielerlei Gemüse, Salaten und Suppen, tomatenbasierten Gerichten sowie zu Süßspeisen – und hier insbesondere zu Schokoladendesserts.

noan
OLIVE OIL
EXTRA VIRGIN
BIO • ORGANIC
DOURO
NOAN

noan

Vorspeisen

Douro

FÜR 2 PERSONEN

160 g Quinoa tricolore
1 Bio-Gurke
250 g Bio-Champignons
1 TL Kurkuma gemahlen
NOAN Olivenöl Douro
100 g Erbsen
60 g Radieschen
Meersalz
20 g Agavendicksaft
½ TL Dijon-Senf
75 ml Chardonnay-Essig
1 Radicchio Castelfranco
1 Stück Burrata

Sommerlicher Quinoa-Salat

Dieses Rezept ist von Paul Ivić

Quinoa in ein feines Sieb geben und vor dem Kochen mit lauwarmem Wasser abschwemmen. Quinoa in etwas Olivenöl anschwitzen, mit Wasser aufgießen und ca. 15 Minuten kochen. Abseihen und in eine Schüssel geben.

Champignons waschen und sechsteln. 3 EL Olivenöl leicht erwärmen und die geschnittenen Champignons hinzufügen. Die Champignons bei mittlerer Hitze 5 Minuten garen. Mit Salz und Pfeffer aus der Mühle und Kurkuma würzen.

Die geschälten Gurken in 1 cm große Würfel schneiden und den Champignons beimengen. Das Gemüse zugedeckt ca. 3–5 Minuten bei geringer Temperatur dünsten. Vom Herd nehmen und Petersilie oder Dille grob schneiden und hinzufügen. Das Gemüse mit dem Quinoa vermengen. Erbsen aus den Schoten brechen. Radieschen waschen und halbieren. Mit Olivenöl und etwas Meersalz marinieren.

Blattsalat waschen, marinieren und unter den Quinoa mengen. Für die Marinade Agavendicksaft, Dijon-Sef, Chardonnay-Essig und 250 ml Olivenöl verrühren und mit Salz und frisch gemahlenem Pfeffer abschmecken. Die Burrata mit Salz und Pfeffer marinieren, mit Olivenöl beträufeln und separat anrichten.

Dieses Rezept ist von Alexandra Palla

Douro

FÜR 4 PERSONEN

- 500 g altbackenes Schwarzbrot
- 1 kleine Zuckermelone
- 250 g Cocktailtomaten
- 150 g Feta
- 1 kleine Zwiebel
- eine Handvoll Oliven
- eine Handvoll frische Kräuter (Minze, Basilikum, Petersilie)
- NOAN Apfel-Balsamessig
- Salz, Pfeffer
- NOAN Olivenöl Douro

Panzanella rough cut

Brot in Würfel schneiden, in Olivenöl knusprig anbraten. Tomaten vierteln, Zuckermelone entkernen, schälen, würfeln, Zwiebel in Ringe schneiden, mit den Brotwürfeln anrichten, restliche Zutaten darauf verteilen und marinieren.

Mit dieser Panzanella von Alexandra Palla kann man aus schon etwas härterem Brot noch ein grandioses Gericht zaubern.

Spezialtipp der Köchin: Put a lot of love in!

noan
noan

Schwegers Griechischer Salat

Dieses Rezept ist von Noan

Classic

FÜR 2–3 PERSONEN

- 2–3 reife Tomaten
- 1–2 grüne Paprika (rote oder gelbe sind natürlich auch erlaubt)
- 1 Salatgurke
- 1 Zwiebel
- 150 g Schafkäse
- Oliven
- Kapern
- Salz, Pfeffer
- NOAN Trauben-Balsamessig oder Saft einer Zitrone
- Kräuter, z. B. Thymian oder Oregano
- NOAN Olivenöl Classic

Die Tomaten mit heißem Wasser übergießen und schälen. Alle Zutaten nach Belieben klein beziehungsweise in mundgerechte Stücke schneiden. Anschließend alles in eine Schüssel geben und vermengen.

Oft wird der griechische Salat nur mit Olivenöl, Salz und Pfeffer angemacht. Wem das zu langweilig ist, der kann den Salat mit einer klassischen Vinaigrette aus Olivenöl, Essig, Senf sowie Salz und Pfeffer verfeinern. Man kann auch ein aromatisiertes Olivenöl verwenden.

Alles auf einem Teller anrichten und mit geriebenen, mediterranen Kräutern garnieren. Dazu etwas Stangen- oder rustikales Brot servieren, und fertig ist ein leckerer Salat, der nicht nur als Vorspeise, sondern auch als Beilage oder Hauptgericht geeignet ist.

TIPP: Besonders gut passt hier unser neues Zitronen-Olivenöl Lemon. Es verleiht dem Gericht einen frischen, mediterranen Kick.

Classic

FÜR 4 PERSONEN

Für die Guacamole

- 2 EL Sesamöl
- 3 Avocados
- Saft von 2 Zitronen, Salz
- 40 ml NOAN Olivenöl Classic
- Cayennepfeffer
- 1 Knoblauchzehe

Für den Salat

- 1 grüner Apfel
- 4 Salatherzen
- 3 Weingartenpfirsiche
- 8 Stück grüner Spargel
- Zitronenverbene

Für das Holunderdressing

- 50 ml Holundersirup
- 30 ml NOAN Trauben-Balsamessig
- 160 ml Wasser
- 50 ml Sonnenblumenöl
- 100 ml NOAN Olivenöl Classic
- Salz, Pfeffer

Gegrillter Römersalat

Dieses Rezept ist von Martin Zeißl

Guacamole:
Avocado halbieren, Kern entfernen. Die Frucht aus der Haut nehmen und im Standmixer mit den restlichen Zutaten zu einer Creme mixen.

Salat:
Den grünen Apfel vom Kerngehäuse befreien und am besten auf der Aufschnittmaschine in ca. 1 cm dicke Scheiben schneiden.

Die Salatherzen vierteln und auf der Grillplatte bzw. auf dem Griller grillen. Vom Spargel das untere Drittel abschneiden, anschließend wird er ebenso gegrillt. Wichtig beim Salat ist es, dass er nach beidseitigem Grillen in Eiswasser abgeschreckt wird, so behält er seine grüne Farbe. Die Weingartenpfirsiche waschen und entsteinen, vierteln und ebenso grillen, allerdings nicht zu lange, da sie sehr schnell weich werden.

Für das Holunderdressing Holundersaft, Wasser, Gewürze und Traubenessig mit einem Stabmixer mixen und Öl langsam zugeben, sodass es sich gut verbinden kann. Den gegrillten Spargel, Salatherzen, den Apfel und den gegrillten Pfirsich marinieren. Anrichten und zum Abschluss noch mit Olivenöl, Meersalz und Zitronenverbene verfeinern.

Delikater Spargelsalat

Douro

FÜR 3–4 PERSONEN

1 Bund grüner Spargel

10 Cherrytomaten

1 Mozzarella

Salz, Pfeffer

Kräuter nach Belieben (z. B. Thymian, Oregano, Basilikum)

NOAN Olivenöl Douro

NOAN Apfel-Balsamessig

Dieses Rezept ist von Noan

Den grünen Spargel gründlich waschen und die holzigen Enden großzügig entfernen.

In einem Topf Wasser zum Kochen bringen und etwas Salz hinzufügen. Den Spargel 10–15 Minuten kochen, bis er gar, aber noch bissfest ist. Aus dem Wasser nehmen und abkühlen lassen.

In der Zwischenzeit die Tomaten waschen und halbieren sowie die Mozzarella in Scheiben schneiden.

Zuerst ein paar Spargelstangen auf einen Teller legen, Mozzarellascheiben und die halbierten Tomaten darüber verteilen. Mit Olivenöl und Essig beträufeln. Nach Belieben mit Salz, Pfeffer und gehackten Kräutern abschmecken.

Dieser Salat eignet sich hervorragend als Beilage zu Gegrilltem.

TIPP: Anstatt den Spargel zu kochen, kann man ihn auch wunderbar grillen. Durch die Grill- und Röstaromen wird das Gericht noch kräftiger im Geschmack.

Lemon

FÜR 2 PERSONEN

400 g Karpfenfilet ohne Gräten

4 EL Verjus, Salz

3 EL NOAN Olivenöl Lemon

12 Radieschen geschält

Salz, Pfeffer

Leindotterbrösel

100 g Leindottermehl

20 g Butter

1 EL Mehl glatt

1 Prise Salz, 1 Prise Zucker

1 EL NOAN Olivenöl Lemon

Verjus-Gel

200 ml Verjus

Salz

3 g Kappa (Geliermittel)

Navetten (Speiserübchen), ganz

Radieschenwasser oder -sud

Salz und Pfeffer

Marinierter Karpfen mit Navetten

Dieses Rezept ist von Alain Weissgerber

Karpfenfilet in vier gleichmäßige Stränge schneiden. Roh in den Verjus legen und ca. 20 Minuten ziehen lassen. Kurz vor dem Anrichten salzen und mit 2 EL NOAN Olivenöl Lemon marinieren.

Radieschen schälen und grob raspeln, einsalzen und für 1–2 Stunden stehen lassen. Den entstandenen Radieschensud auffangen. Die geraspelten Radieschen mit dem Radieschenwasser und 1 EL Zitronenöl bei kleiner Hitze weich garen. Die entstandene Flüssigkeit stark einreduzieren, anschließend fein mixen. Mit Pfeffer und Salz abschmecken.

Kappa in den kalten Verjus einrühren, einmal aufkochen und auskühlen lassen. Die gestockte Masse fein mixen und abschmecken.

Für die Leindotterbrösel Zutaten vermengen und auf einem Blech ausbreiten. Bei 160° C ca. 25 Minuten backen, überkühlen lassen.

Das Karpfenfilet in „S"-Form auf dem Teller platzieren. Radieschenpüree und Leindotterbrösel an der Spitze des Karpfenfilets anrichten. Die ganzen Navetten gründlich mit Gel marinieren und auf dem Filet platzieren. Den Sud links und rechts am Filet entlang angießen. Mit NOAN Olivenöl Lemon, Fisch sowie Navetten abglänzen. Mit Gartenkräutern und grobem Salz leicht würzen.

Dieses Rezept ist von Sonja Planeta

Büffelmozzarella mit Tomatenrelish

Douro

FÜR 4 PERSONEN

- 4 Kugeln Büffelmozzarella
- 20 NOAN Oliven
- 1 kleine rote Zwiebel
- 1 Knoblauchzehe
- 5 g Ingwer
- 1 rote Chilischote, Menge nach Belieben
- 50 ml NOAN Apfel-Balsamessig
- 20 g brauner Zucker
- 300 g Cocktailtomaten
- NOAN Olivenöl Douro
- frische Basilikumblätter zum Garnieren
- Salz, grobes Meersalz
- Pfeffer, frisch gemahlen

Zwiebel, Knoblauch und Ingwer schälen und fein würfeln. Chilischoten halbieren, entkernen und in feine Streifen schneiden. Die Hälfte der Cocktailtomaten halbieren. Zwiebel, Knoblauch, Ingwer und die gewünschte Menge Chili in Olivenöl anschwitzen. Zucker, NOAN Apfel-Balsamessig und Cocktailtomaten hinzufügen, Hitze reduzieren und das Relish ca. 5 Minuten köcheln lassen, bis es eindickt. Mit Salz und Pfeffer abschmecken und abkühlen lassen.

Büffelmozzarella mit den Fingern grob zerzupfen und mit Oliven und Tomatenrelish anrichten. Mit Olivenöl beträufeln.

Mit etwas grobem Meersalz und frisch gemahlenem Pfeffer würzen und mit Basilikum garniert servieren. Dazu passt frisches Baguette.

Ceviche von der Jakobsmuschel

Classic

FÜR 1 PORTION

- 2 Jakobsmuscheln (in dünne Scheiben geschnitten)
- 1 Stangensellerie
- 1 Gurke
- 2 Radieschen
- ¼ Wassermelone
- 1 reife Avocado
- 1 Zitrone
- 1 Toastbrot
- NOAN Trauben-Balsamessig
- Chili
- Senf
- ein paar Blätter frisches Basilikum
- Erbsenkresse
- eingelegter Sushi-Ingwer
- Salz, Pfeffer
- NOAN Olivenöl Classic

Die Jakobsmuscheln ganz dünn aufschneiden und mit grobem Meersalz salzen. Mit einer Marinade aus Olivenöl, Chili, ein bisschen Senf und weißem Balsamessig anrichten. NOAN Trauben-Balsamessig ist ein weißer Essig mit leicht goldener Färbung, da er nicht mit Gelatine gebleicht wurde und dementsprechend vegan ist. Die Blätter vom Stangensellerie sowie ein paar fein geschnittene Gurken-, Radieschen- und Avocadoscheiben ebenfalls mitmarinieren.

Jakobsmuscheln wie einen Ring auf dem Teller drapieren, ein paar Stückchen der Wassermelone darauf verteilen. Den marinierten Stangensellerie sowie die Gurken- und Radieschenscheiben ebenfalls hinzufügen. Am Schluss die Scheiben der reifen Avocado dekorativ verteilen. Für den perfekten Frischekick noch ein wenig eingelegten Sushi-Ingwer hinzugeben und ein bisschen Zitronenschale über das Gericht reiben. Anschließend eine feine Basilikum-Emulsion (bestehend aus Basilikum, gemixt mit ein bisschen Toastbrot und Olivenöl) zusätzlich als Marinade in den Zwischenräumen verteilen, mit Erbsenkresse garnieren.

TIPP: Zum Schluss noch einmal ein wenig Marinade und einen Schuss pures Olivenöl darüber träufeln und leicht pfeffern. Fertig!

Dieses Rezept ist von Matthias Kamp

Dieses Rezept ist von Orhan Negüzel

Classic

FÜR 4–5 PERSONEN

30 g Rucola

20 g Grana Padano, frisch gehobelt

Für das Carpaccio

500 g Rinderfilet

je 1 EL Rosmarin & Thymian, frisch gehackt

1 TL Meersalz

Bourbon-Pfeffer aus der Mühle

1 TL NOAN Olivenöl Classic

Für die Marinade

Zesten einer Bio-Zitrone

Zesten einer Bio-Limette

Salz, Bourbon-Pfeffer aus der Mühle

brauner Rohrzucker

1 TL NOAN Olivenöl Classic

1 TL NOAN Trauben-Balsamessig

Carpaccio à la Landtmann

Das Rinderfilet plattieren. Eine Seite mit Salz, Pfeffer, gehacktem Rosmarin und Thymian sowie NOAN Classic würzen und mit Frischhaltefolie fest zusammenrollen. Circa 5 Stunden lang im Gefrierfach durchziehen lassen. In der Zwischenzeit die Marinade zubereiten.

Das Rinderfilet aus dem Gefrierfach nehmen und mit der Aufschnittmaschine oder einem sehr scharfen Messer feine Scheiben abschneiden. Die Scheiben vorsichtig auf einem Teller kreisförmig anrichten und mit der Marinade beträufeln.

Das Carpaccio mit einem kleinen Salatbouquet und frisch gehobeltem Parmesan garnieren und mit zwei Scheiben Toastbrot servieren.

Intenso

FÜR 3–4 PERSONEN

Für die bunten Eier

- 2 rote Rüben zum Einfärben
- ein Schuss neutraler Essig
- 7 Eier, hart gekocht

Für die Füllung

- Eigelb der gekochten Eier
- 1 Essiggurke, fein geschnitten
- 1 TL Kapernbeeren, fein geschnitten
- 4 Scheiben Speck (knusprig gebraten und in kleine Stücke zerbröckelt)
- ½ reife Avocado
- 1 EL Senf
- 1 EL Sauerrahm
- 1 EL NOAN Trauben-Balsamessig
- 1 Schuss NOAN Olivenöl Intenso
- 1 EL rote Paprika, fein geschnitten
- 1 Schuss Limettensaft

Zum Garnieren

- Schnittlauch
- knusprige Speckscheibchen

Gefüllte Avocado-Eier

Die roten Rüben schälen, in Scheiben schneiden und mit etwas Wasser und Essig rund 20 Minuten lang kochen. Das eingefärbte rote Wasser etwas abkühlen lassen.

Eier hart kochen und vorsichtig schälen. Zusammen mit dem Rote-Rüben-Wasser für 15 Minuten in ein Plastiksackerl geben.

Die rosa gefärbten Eier der Länge nach halbieren. Die Eigelbe herauslösen und mit Avocado, Senf und Sauerrahm zu einer homogenen Masse zusammenmischen. Dann die restlichen Zutaten hinzufügen, gut verrühren und mit Salz und Pfeffer abschmecken.

Die Füllung gleichmäßig auf die Eierhälften verteilen und mit Schnittlauch und Speckscheibchen garnieren.

Dieses Rezept ist von Noan

Dieses Rezept ist von Josef Neuherz

Gegrilltes Kalbs-carpaccio auf Melanzanicreme

Intenso

FÜR 2 PERSONEN

- 320 g Kalbsrücken, zugeputzt
- Rucola
- NOAN Trauben-Balsamessig
- 80 g junger Parmesan
- 12 Cherrydatteltomaten
- 1 Limette
- 1 Chilischote
- 1 Tasse Venenkresse
- Basilikum, Petersilie, Oregano
- Salz, geschroteter schwarzer Pfeffer, Fleur de Sel
- NOAN Olivenöl Intenso
- 1–2 EL Tomatensaft
- 40 g in Olivenöl eingelegte getrocknete Tomaten
- 1 Melanzani
- 1 Zwiebel
- 1–2 Knoblauchzehen, gehackt

Kalbsrücken in dünne Scheiben schneiden, unter einer Klarsichtfolie mit einem Schnitzelklopfer flach drücken. Vorsichtig von der Folie lösen und auf ein mit Olivenöl beträufeltes Blech legen. Fein gehackte Petersilie und geschroteten Pfeffer drüberstreuen. Mit etwas Olivenöl marinieren und mit Frischhaltefolie bedecken, kühl stellen.

Melanzanicreme:
Melanzani mehrmals mit einem Messer anstechen und auf einem Blech 45 Minuten bei 170° C ins Backrohr geben. Zwiebel schälen und klein schneiden, in Olivenöl bei geringer Hitze mit Oregano und etwas Chili anschwitzen, bis sie glasig ist. Gehackten Knoblauch kurz mitdünsten. Das Fruchtfleisch aus den weichen Melanzani schälen (die Schale nicht verwenden). Das ausgelöste Fruchtfleisch mit den vorgegarten Zwiebeln in einen Mixbecher geben – mixen und mit Salz und Olivenöl abschmecken. Danach die Creme durch ein grobes Sieb streichen.

Creme von getrockneten Tomaten:
Tomatensaft, Olivenöl, etwas Knoblauch, Chili, ein Basilikumblatt sowie die getrockneten Tomaten klein schneiden, pürieren, durch ein grobes Sieb streichen. Bei Bedarf salzen. In einen Einwegspritzbeutel füllen.

Kalbscarpaccioscheiben salzen und in einer heißen Grillpfanne – alternativ kann man auch eine normale Bratpfanne verwenden – einseitig

für einige Sekunden rasch grillen oder anbraten. Sehr wichtig: Fleisch sollte nicht durchgegart sein!

Die Scheiben auf etwas verstrichener Tomatencreme mit Melanzanicreme, in Balsamessig und Olivenöl mariniertem Rucola, geschnittenen Cherrydatteltomaten und Basilikumblättern zu einem Türmchen aufbauen. Zum Abschluss einige Scheiben vom gehobelten jungen Parmesan auf das fertige Türmchen legen. Mit Venenkresse, Fleur de Sel und geriebener Limettenschale vollenden.

TIPP: Vor dem Servieren etwas Limette auf das Gericht reiben. Das verleiht aufgrund der ätherischen Öle Frische und Leichtigkeit. Alternativ können auch unbehandelte Zitronen verwendet werden.

Intenso

FÜR 4 PERSONEN

- 400 g Filet vom Almochsen
- Salz, schwarzer Pfeffer
- 1 Msp. Piment d'Espelette (baskisches Chilipulver)
- 1 EL Schalotten
- 1 EL Kapern, 2 EL Kerbel
- 2 EL Tomami
- 1 EL Englischer Senf
- NOAN Olivenöl Intenso
- 3 Limetten
- 500 g grüne Tomaten
- 500 g grüne Paprika
- 400 g Gurken
- 1 EL grüne Tabascosauce
- 1 Knoblauchzehe
- 1 Avocado
- 150 g Prosorbet von Sosa
- 135 g Glukosesirup
- abgeflämmte Silberzwiebeln
- Sardellen
- Brotchips
- halbgetrocknete Tomaten
- Kapuzinerkresse, Basilikumkresse, Blutampfer

Rohfleisch vom Almochsen mit Gazpacho-Eis

Dieses Rezept ist von *Juan Amador*

Das Filet fein hacken. Die Schalotten fein schneiden und kurz blanchieren. Kapern fein hacken und 1 EL Kerbel fein schneiden. Mit Piment d'Espelette, Tomami, Senf, 4 EL Olivenöl und dem Abrieb einer Limette vermischen, mit Salz und Pfeffer abschmecken.

Für das Gazpacho-Eis Paprika, Gurken und Avocado aufschneiden und entkernen, mit Tomaten, Saft von zwei Limetten, Tabascosauce, Knoblauch, 100 ml Olivenöl, Prosorbet und Glukosesirup fein pürieren. Abschmecken, durch ein Sieb passieren und in der Eismaschine gefrieren.

Das Gericht mit Silberzwiebeln, Sardellen, Brotchips, halbgetrockneten Tomaten, Kapuzinerkresse, Basilikumkresse, Kerbel und Blutampfer garnieren.

Melanzani-Toast

Dieses Rezept ist von Stefan Resch

Classic

FÜR 4–5 BROTE

500 g Melanzani

2 Knoblauchzehen, zerdrückt und fein gewürfelt

50 ml NOAN Olivenöl Classic

1 Rosmarinzweig, fein gehackt

2 Thymianzweige, fein gehackt

Meersalz, schwarzer Pfeffer aus der Mühle

frischer Zitronensaft

1 würziges Toskanabrot

8 Basilikumblätter, in Streifen geschnitten

½ Prise Piment d'Espelette (baskisches Chilipulver)

Für den Ricotta

400 ml Milch, 4 % Fett

200 ml Obers, 38 % Fett

15 ml frischer Zitronensaft

6 g Meersalz

Ricotta:
Die Milch mit dem Obers und Salz vorsichtig aufkochen lassen. Zitronensaft zugeben und wiederholt kurz aufwallen lassen. Abdecken und 45 Minuten stehen lassen.

Die gebrochene Milch-Obers-Mischung durch ein doppellagiges Passiertuch gießen und für eine Stunde abhängen oder so lange, bis der Ricotta eine streichkäseähnliche Konsistenz hat. Kalt stellen und zugedeckt innerhalb von drei Tagen aufbrauchen.

Melanzani-Toast:
Die Melanzani mit einer Gabel rundherum einstechen. Auf einen heißen Grill legen und ca. 10–15 Minuten pro Seite grillen, bis sie außen schwarz und knusprig, innen aber ganz weich sind. Nach dem Grillen kurz auskühlen lassen, die Melanzani halbieren und das Fleisch aus der Schale kratzen. Auf einem Schneidebrett grob durchhacken. In einer Pfanne die 50 ml Olivenöl erhitzen und langsam den Knoblauch darin anschwitzen. Melanzani zugeben und bei mittlerer Temperatur weiterrösten, bis sämtliche Flüssigkeit verdunstet ist (ca. 10 Minuten). Die Konsistenz der Masse sollte dick genug sein, um auf einem Brot zu halten. Den gehackten Rosmarin und Thymian zumischen und mit Meersalz und Pfeffer abschmecken. Masse auf Zimmertemperatur erkalten lassen, bevor mit dem Bestreichen der Brote begonnen wird.

Das Brot in ca. 2,5 cm dicke Scheiben schneiden und großzügig mit Olivenöl tränken. Die Brote in einer mittelheißen Pfanne langsam ausbraten – beim Einlegen richtig in die Pfanne drücken, damit sie gleichmäßig gebraten werden. Auf beiden Seiten goldbraun und knusprig braten. Auf einem Stück Küchenpapier abtropfen und abkühlen lassen.

Nachdem die Brote ein wenig ausgekühlt sind, jeweils 1–2 Esslöffel vom Ricotta darauf verstreichen.

Auf dem Ricotta großzügig die Melanzanimasse verteilen. Die Brote in 4–5 gleich große Teile schneiden. Das geschnittene Basilikum auf den Broten verteilen, mit Meersalz, Piment d'Espelette und NOAN Olivenöl würzen und genießen.

Intenso

FÜR ETWA 10 STÜCK

- 4 Tomaten
- 2–3 Knoblauchzehen, gehackt
- eine Handvoll frisches Basilikum
- 3 EL NOAN Trauben-Balsamessig
- ½ Baguette, in Scheiben
- Parmesan, gerieben
- 3 EL NOAN Olivenöl Intenso

Dieses Rezept ist von Avocado Banane

Bruschetta

Tomaten entkernen und klein würfeln. Wen die Haut der Tomaten stört, der kann diese kurz mit kochendem Wasser überbrühen, dann lässt sich die Haut ganz leicht ablösen.

Mit Knoblauch, Basilikum, Öl und Essig vermischen. Mit Salz und Pfeffer abschmecken, auf den Baguettescheiben anrichten und mit Parmesan bestreuen.

Classic

Tartare di branzino

FÜR 1 PERSON

- 2 kleine Branzino-Filets (Wolfsbarsch)
- Salz
- Zitronensaft
- Prosecco
- Minze
- Jungzwiebel
- ein paar Cocktailtomaten
- NOAN Olivenöl Classic

Branzino entgräten und klein hacken, die Tomaten über dem klein gehackten Branzino ausdrücken und nur den Saft verwenden. Minze und Jungzwiebel klein hacken und untermischen. Frische Zitrone darüber auspressen, einen kleinen Schuss Prosecco und etwas Olivenöl dazugeben.

Mit Minze, Tomaten und Olivenöl garnieren, auf einem schönen Teller anrichten, zurücklehnen und genießen.

Dieses Rezept ist von Vittorio Turco

Dieses Rezept ist von Leo Doppler

Grünes Risotto mit Pilzen

Lemon

FÜR 4 PERSONEN

250 g Risottoreis (vorzugsweise die Sorte Vialone Nano)

2 Jungzwiebeln

1,5 l Gemüsefond

1 Schuss Weißwein

100 g Grana oder Parmesan (gerieben)

80 g Butter

Salz und Pfeffer aus der Mühle

250 g Petersilie

250 ml NOAN Olivenöl Classic

gemischte Pilze, je nach Jahreszeit

1 Knoblauchzehe, fein gehackt

3 EL NOAN Olivenöl Lemon

Vorbereitung:

Den weißen Teil der Jungzwiebeln in feine Würfel schneiden. In einem Topf 2–3 EL Olivenöl leicht erhitzen. Jungzwiebeln kurz glasig anschwitzen. Den Risottoreis einrühren, mit Weißwein ablöschen und etwas Gemüsefond zugießen. Unter ständigem Rühren den Reis halbfertig kochen, bei Bedarf mit Gemüsefond aufgießen. Den noch etwas körnigen Risotto auf ein Blech (ca. 2–3 cm hoch) aufstreichen und kühl stellen. Der Reis ist somit 1 bis 2 Tage ohne weiteres im Kühlschrank haltbar. Petersilie waschen und abzupfen. Die Hälfte der Petersilblätter kurz blanchieren, abschrecken und mit der restlichen Petersilie klein hacken. Im Mixbecher mit 200 ml Olivenöl und Meersalz zu einem feinen Pesto mixen. Pilze grob schneiden, in etwas Olivenöl und Butter scharf anbraten, Knoblauch darüber und noch einmal in der Pfanne schwenken.

Zubereitung:

Den noch körnigen Reis in einem Topf unter Zugabe von Gemüsefond wieder anwärmen. Wenn der Reis beinahe al dente (bissfest) ist, die Butter, den geriebenen Parmesan und das Pesto beimengen. Unter Beigabe des Gemüsefonds Risotto mit leicht cremiger Konsistenz fertigstellen, in tiefen Tellern anrichten und die Pilze drauflegen. Am Schluss noch etwas NOAN Olivenöl Lemon darüberträufeln.

TIPP: Der Risotto legt sich sehr leicht am Boden des Topfes an. Man muss wirklich ständig rühren! Je nach Beschaffenheit des Reises beträgt die gesamte Kochdauer ca. eine halbe Stunde.

Douro

FÜR 1 PERSON

- Jungspinat
- Rucola
- 2 Feigen
- eine Handvoll Datteln
- Pinienkerne
- NOAN Trauben-Balsamessig
- NOAN Olivenöl Douro

Dieses Rezept ist von Noan

Feigen-Spinat-Salat

Als erstes die Datteln zerkleinern und die Feigen vierteln. Den Jungspinat und den Rucola waschen und in eine große Schüssel geben. Die Pinienkerne leicht anrösten und alle Zutaten vermischen.

Mit einem Dressing aus Trauben-Balsamessig und Olivenöl sowie etwas Salz und Pfeffer marinieren.

Dieses Rezept ist von Gerald Aichholzer

Intenso

FÜR 3–4 PERSONEN

- 1 Zucchini
- 2 Packungen Schafkäse
- Basilikum
- Kräutersalz
- NOAN Olivenöl Intenso
- für die Fleischvariante: Speckstreifen

Zucchini-Schafkäse-Sushi

Den Ofen auf 200° C vorheizen. Schafkäse der Länge nach halbieren und nochmals quer in fünf gleich große Teile schneiden. Zucchini längs in dünne Scheiben schneiden, am besten auf einer Brotschneidemaschine. Jedes Käsestück mit einem Basilikumblatt belegen und vorsichtig in eine Zucchinischeibe wickeln. Wenn der gesamte Käse eingewickelt ist, eine Auflaufform mit Olivenöl einpinseln, die Zucchini-Schafkäse-Röllchen mit etwas Abstand zueinander darin platzieren und mit Kräutersalz würzen. Je nach gewünschtem Bräunungsgrad im Ofen ca. 30 bis 60 Minuten backen.

TIPP: Für Fleischtiger das Ganze einfach noch mit einem Streifen Speck umwickeln.

Lemon

Kalbstatar mit Limonen-mayonnaise

Dieses Rezept ist von Norman Etzold

FÜR 4 PERSONEN

- 40 dag Kalbsrücken
- 1 Schalotte
- 1 Limette
- NOAN Olivenöl Lemon
- Himalaya-Salz
- getrocknete Koriandersaat aus der Mühle

Limonenmayonnaise

- 100 ml NOAN Olivenöl Lemon
- 100 ml Traubenkernöl
- 3 Zweige Rosmarin
- 1 Eigelb
- 1 Teelöffel Senf
- Himalaya-Salz
- Limonenzeste

Limonenvinaigrette

- 100 ml NOAN Olivenöl Lemon
- 20 ml Reisessig
- Saft von einer Zitrone
- 10 g brauner Zucker
- etwas Pfeffer und Koriander aus der Mühle

Kräuter & Minirüben

Kalbfleisch fein schneiden und zu Tatar hacken. Die Schalotte in sehr feine Würfel (Brunoise) schneiden. Beides in eine Schüssel geben und mit Koriander, Salz und Limettenzeste abschmecken. Für die Geschmeidigkeit zwei Teelöffel NOAN Olivenöl Lemon hinzufügen und verrühren.

Für die Mayonnaise die Öle mit dem Rosmarin auf 110° C erhitzen, danach kühl stellen. Eigelb und Senf mit einem Schneebesen verrühren. Das ausgekühlte Rosmarinöl langsam einfließen lassen und zu einer Mayonnaise aufschlagen. Die Mayonnaise in einen Spritzsack geben, kühl stellen und zum Anrichten drapieren.

Die Vinaigrette verrühren und zum Marinieren der Kräuter nutzen. Für die Farbe eignen sich gehobelte gelbe und rote Minirüben.

TIPP: Als Kräuter eignen sich Kapuzinerkresse, Kapuzinerblüten, Herzblatt, Portolak, Kerbel oder junger Liebstöckel. Sie können aber auch Ihre Lieblingskräuter verwenden.

Douro

FÜR 1 PERSON

- eine Scheibe Brot
- Räucherlachs
- Cottage Cheese
- Gemüse nach Belieben (z. B. Karotten, Radieschen oder grüner Salat)
- NOAN Olivenöl Douro
- Essig
- Salz
- Zucker

Lachstarte mit Gemüsevariation

Das Brot mit Olivenöl anbraten. Den Lachs mit Salz und Zucker beizen, mit Olivenöl abrunden und ein paar Stunden durchziehen lassen. Anschließend den Cottage Cheese mit Olivenöl marinieren und als Unterlage auf dem Brot verteilen.

Das Gemüse ebenfalls mit Olivenöl, Essig und ein wenig Salz marinieren und abschmecken. Gemeinsam mit dem Lachs fein auf dem Brot garnieren.

Dieses Rezept ist von André Stahl

Lemon

FÜR 4 PERSONEN

6 Tomaten
1 rote Paprikaschote
1 gelbe Paprikaschote
2 Gurken
1 Msp. Kreuzkümmel
10 ml Knoblauchöl
etwas Paprikapulver
100 ml Sweet Chili
100 ml NOAN Trauben-balsamessig
10 ml Tabasco
20 g Korianderblätter
125 ml Traubenkernöl
125 ml NOAN Olivenöl Classic
4 Carabineros
1 Avocado
NOAN Olivenöl Lemon

Gazpacho Carabinero

Paprika waschen und Kerngehäuse entfernen. Alle anderen Zutaten mixen, abschmecken, passieren und kalt stellen.

Für die Garnitur die Avocado dünn aufschneiden, rund ausstechen, von einer Gurke eine Längsscheibe dünn schneiden und aufrollen.

Die Carabineros schälen und im Olivenöl bei mittlerer Hitze konfieren. Mit den restlichen Zutaten auf einem Teller anrichten und mit NOAN Olivenöl Lemon verfeinern.

Hauptspeisen

Lammburger mit Macadamia-Guacamole

Douro

FÜR 4 PERSONEN

- 4 Burgerbrötchen
- 4 Scheiben Ziegenkäse
- NOAN Olivenöl Douro
- 500 g Lammfaschiertes
- 3 Knoblauchzehen, fein gehackt
- Salz, Pfeffer
- 2–3 EL Butter
- 1 EL brauner Zucker
- 1–2 Avocados
- 1 Tomate
- 3 ½ rote Zwiebeln
- 30 g gehackte NOAN Macadamias
- 1 Zitrone oder Limette

Dieses Rezept ist von Noan

Für die Burger das Faschierte mit 2 fein gehackten Knoblauchzehen und etwas Pfeffer vermengen, in vier gleich große Laibchen formen, etwa 2 cm dick. Sanft mit dem Fleisch umgehen und nicht zu fest in Form pressen! Die Laibchen mit Frischhaltefolie abdecken und eine halbe Stunde in den Kühlschrank stellen.

TIPP: Eine Mulde in die Laibchen drücken, so geht beim Braten nicht so viel Saft verloren, und das Fleisch wölbt sich weniger.

In einer Pfanne, am besten einer Gusseisenpfanne, etwas Olivenöl erhitzen. Die Laibchen erst kurz vor dem Braten salzen. Wenn das Öl heiß ist, von jeder Seite 2–3 Minuten anbraten, dabei nur einmal wenden. Nach dem Wenden eine Scheibe Ziegenkäse pro Laibchen auflegen. Für die Guacamole 1–2 reife Avocados mit einer Gabel in einer Schüssel zerdrücken. Tomate, ½ Zwiebel, Knoblauchzehe und Macadamias hacken und gut mit der Avocado vermischen. Mit Salz, Pfeffer und etwas Zitronen- oder Limettensaft abschmecken. Für die karamellisierten Zwiebeln zuerst etwas Olivenöl in eine Pfanne erhitzen und darin die Butter schmelzen lassen. 2–3 Zwiebeln zu Ringen schneiden und zur geschmolzenen Butter geben, salzen und pfeffern. Wenn die Ringe weich werden, den Zucker beifügen und das Ganze etwa 20 Minuten bei mittlerer Hitze braten lassen. Oft genug umrühren, damit der Zucker nicht anbrennt.

TIPP: Vor dem Zusammenbauen die Brötchen kurz im Toaster oder der Pfanne anrösten.

Dieses Rezept ist von Kostas Agrigiannis

Classic

FÜR 4 PERSONEN

- 500 g Spaghetti
- 250 g Thunfisch, im eigenen Saft oder in Öl
- 1 große Zwiebel, fein gehackt
- 2 große Tomaten, fein gehackt
- ½ Tasse Kapern
- 1 TL Oregano
- Salz, Pfeffer
- NOAN Olivenöl Classic

Thunfisch-Spaghetti

Die Spaghetti in gesalzenem Wasser al dente kochen, abgießen und dabei etwas von dem Nudelwasser für die Sauce behalten. In einer Pfanne wenig Olivenöl erhitzen und die Zwiebeln andünsten, bis sie weich und glasig sind.

Im Anschluss den Thunfisch sowie die Kapern und Tomaten hinzufügen und alles etwa 20 Minuten bei geringer Hitze köcheln lassen, bei Bedarf Nudelwasser zum Binden hinzugeben. Mit Salz und Pfeffer abschmecken.

Die Spaghetti zur Sauce in die Pfanne geben und unterheben. Auf dem Teller mit Oregano bestreuen und mit Olivenöl verfeinern.

Dieses Rezept ist von Denis König

Rotbarbe mit Spargel und Sauce Cap Ferrat

Intenso

FÜR 4 PERSONEN

- 12 kleine Rotbarbenfilets (3 Stück pro Person)
- 600 g grüner Spargel
- 1 kg geschälter weißer Spargel
- 4 Tomaten, geschält, entkernt und in kleine Würfel geschnitten
- 12 Blätter fein geschnittenes Basilikum
- Petersilie, fein gehackt
- 20 g sehr fein geschnittene Schalotten
- 1 Knoblauchzehe
- Salz
- NOAN Olivenöl Intenso
- Zitrone

Die zwei Spargelsorten in stark gesalzenem Wasser al dente kochen und anschließend in Eiswasser abschrecken. Den Spargel auf die gleiche Länge zuschneiden und der Länge nach halbieren.

Für die Sauce die Schalotten mit einem Hauch Knoblauch in Olivenöl glasig anschwitzen und danach leicht abkühlen lassen. Die Tomatenwürfel hinzufügen, das Ganze leicht salzen und 10 cl Olivenöl unterrühren. Die Temperatur der Sauce langsam auf ca. 50° C erhöhen und anschließend vom Herd nehmen. Kurz vor dem Anrichten die Kräuter und ein paar Tropfen Zitronensaft unter die Sauce mengen.

Den Spargel kurz anbraten. Die Rotbarbenfilets auf der Hautseite 1 Minute anbraten, umdrehen und vom Herd nehmen.

Zum Anrichten den weißen Spargel mittig auf dem Teller platzieren und den grünen Spargel schräg darüber. Die Tomatensauce auf den Spargel geben und als Sockel für die Rotbarbenfilets verwenden.
Bon appétit!

Lemon

FÜR 4 PERSONEN

4 Carabineros

1 Artischocke

NOAN Olivenöl Douro

Artischocken & Creme

10 geputzte Artischockenböden

Knoblauch

10 ml Weißweinessig

200 ml Geflügelfond

1 Zwiebel

100 ml Obers

Salz, Cayennepfeffer

Salzzitronen-Creme

10 Zitronen

2 Salz Zitronen

10 g Butter

10 g Staubzucker

50 ml Zitronensaft

Oliven-Crumble

150 g schwarze Oliven (getrocknet, ohne Stein)

Vinaigrette

150 ml klares Tomatenwasser

30 ml NOAN Olivenöl Lemon

1 Msp. Xanthan

Carabineros mit Artischocken

Dieses Rezept ist von Juan Amador

Carabineros aus der Schale lösen und den Schwanz mit einem Holzspieß der Länge nach durchbohren. In etwas brauner Butter anbraten. Spieß entfernen, in Stücke schneiden und mit Meersalz würzen.

Eine Artischocke putzen, fein hobeln und in reichlich NOAN Olivenöl Douro bei 140 Grad frittieren. Artischocken-Chips abtropfen lassen.

4 Artischockenböden putzen und zurecht tournieren. Mit 1 EL NOAN Olivenöl Douro, Knoblauch und Thymian vakuumieren, bei 90 Grad 30 min. dämpfen. Danach auf Eiswasser abkühlen lassen. In Stücke schneiden, anbraten und mit einem Schuss Weißweinessig ablöschen.

Für die Creme die restlichen geputzten Artischockenböden mit Zwiebel, Knoblauch und Speck anschwitzen, mit einem Schuss Weißweinessig ablöschen und mit Weißwein und Obers bedeckt aufgießen. Weich kochen, bis keine Flüssigkeit mehr vorhanden ist. Den Speck entfernen und fein mixen, bis eine cremige Masse entsteht. Mit Salz und Pfeffer abschmecken.

Für das Crumble die Oliven fein mahlen, auf einem Blech verteilen und bei 80° C 12 Stunden trocknen. Klaren Tomatenfond für die Vinaigrette reduzieren, mit Essig, Salz und Zucker abschmecken. Danach mit Xanthan leicht abbinden und mit NOAN Olivenöl Lemon abschmecken.

noan
OLIVE OIL
XTRA VIRGIN
BIO • ORGANIC
INTENSO
noan
VINEGAR
APPLE BALSAMIC
EIGHT YEARS
BIO • ORGANIC

Gegrilltes T-Bone-Steak

Dieses Rezept ist von Martin Zeißl

Intenso

FÜR 3–4 PERSONEN

- 1 T-Bone-Steak, ca. 700 g, 2,5 cm Dicke
- Salz
- grober Pfeffer
- NOAN Olivenöl Intenso
- Rosmarin
- Thymian
- Knoblauch

Das Fleisch etwa zwei Stunden vor dem Grillen aus der Kühlung nehmen. Das Steak nur mit Salz und grobem Pfeffer würzen und mit Olivenöl einpinseln. Das T-Bone auf dem Grill direkt auf die Hitze legen und beidseitig etwa vier Minuten grillen, je nach gewünschter Garart etwas länger. Darauf achten, dass die Kohlen nur mehr glühen (ohne Flammen).

TIPP: Um das Fleisch noch zu aromatisieren, Rosmarin, Thymian und Knoblauch auf das Steak legen. Dazu passt herrlich die BBQ-Sauce von Seite 118.

Douro

FÜR 4 PERSONEN

4 Kabeljaufilets à ca. 160 g
Achten Sie auf das Siegel von MSC (Marine Stewardship Council)

Meersalz, Zitronensaft

Piment d'Espelette

100 g kleine Karfiolröschen

100 ml NOAN Olivenöl Douro

frische Kräuter nach Belieben

Kapern-Sherry-Vinaigrette

130 ml Sherry

50 g Korinthen

20 ml gereifter Sherry-Balsamessig

100 ml NOAN Olivenöl Douro

50 g Kapern

Meersalz, schwarzer Pfeffer

Zitronensaft

30 g Rauchmandeln, leicht gehackt

10 Cherrytomaten, im Ofen halb getrocknet

2 Frühlingszwiebeln, nur das Grüne in Ringe geschnitten

siehe nächste Seite

Kabeljau mit Kapern-Sherry-Vinaigrette

Dieses Rezept ist von Stefan Resch

Kabeljau:

Die Kabeljaufilets mit Zitrone, Salz und Piment d'Espelette würzen. In eine tiefe, hitzebeständige Ofenform geben. Die Fischfilets auf beiden Seiten mit dem Olivenöl bestreichen. Mit Folie oder Deckel abdecken und im Backofen bei 50° C ca. 1 Std. backen.

Kleine Karfiolröschen roh in eine Pfanne geben und bei mittlerer Hitze mit etwas Olivenöl, Salz und Pfeffer anbraten. Sie sollten noch etwas Biss haben. Je 2–3 EL von dem Karfiolpüree in einen tiefen Teller geben und ein Stück Kabeljau darauf setzen, 2 EL von der Kapern-Sherry-Vinaigrette über den Fisch gießen und rundherum verteilen. Die Karfiolröschen auf die vier Teller aufteilen. Frische Kräuter nach Belieben mit etwas Essig und Öl marinieren und das Gericht damit garnieren.

Kapern-Sherry-Vinaigrette:

100 ml Sherry mit den Korinthen einkochen, bis keine Flüssigkeit übrig bleibt. Restlichen Sherry und Sherry-Balsamessig einmal aufkochen lassen. Olivenöl heiß einmontieren, Korinthen und Kapern zugeben. Mit Salz, Pfeffer und Zitronensaft abschmecken. Kurz vor dem Servieren die Cherrytomaten, Rauchmandeln und Frühlingszwiebeln untermischen.

Püree aus geröstetem Karfiol

1 Karfiol
Gemüsefond
90 g Butter
Salz
10 ml Haselnussöl

Karfiolpüree:

Karfiol zuputzen, dabei kleine Rosen schneiden. Stiele entfernen. In einem Topf auf mittlerer Hitze 30 g Butter erwärmen und den Karfiol zugeben. Langsam rösten, bis dieser weich ist und eine goldbraune Farbe hat, dabei regelmäßig umrühren. Wenn der Karfiol richtig weich ist, in einen Mixer geben und mixen, bis das Püree ganz glatt ist. 60 g Butter schmelzen und erhitzen, bis sie braun ist (das nennt man dann Nussbutter). In einem langsamen, aber konstanten Strahl die Nussbutter sowie das Haselnussöl während des Mixvorgangs in das Püree einmontieren. Mit Salz und wenig Muskat abschmecken.

Dieses Rezept ist von Thomas Brecher

Intenso

FÜR 4 PERSONEN

1 kg weißer Spargel, geschält

4 mittelgroße, entgrätete Bachforellenfilets, gehäutet und klein geschnitten

Muskat, gemahlen

Maldonsalz

Pfeffer, frisch gemahlen

Kräuter nach Wunsch

etwas Zitronensaft, 1 Ei

100 g Brioche, klein geschnitten

NOAN Olivenöl Intenso

dazu Olivenöl-Eis, Rezept siehe Seite 109

Bachforellennockerl auf Spargel

Spargel in dekorative Stücke schneiden und scharf anbraten, würzen und so lange dünsten, bis er bissfest-knackig ist.

Für die Forellennockerl alle restlichen Zutaten mischen und 1 Stunde ziehen lassen. Nockerl formen und in der Pfanne im Olivenöl goldgelb backen. Die Nockerl auf dem Spargel anrichten und mit Olivenöl-Eis servieren (Rezept siehe Seite 109).

Lemon

FÜR 4 PERSONEN

Lammsattel

800 g Lammsattel am Knochen
2 Rosmarinzweige
2 Thymianzweige
Butter
Salz, Pfeffer

Brokkoli & Creme

1 Brokkoli
150 ml Rindsuppe
3 EL geräucherte Butter
30 ml Obers
20 ml Gemüsefond
20 g Butter
Salz, Pfeffer, Muskat

Zitronengel

90 ml Zitronensaft
180 ml Wasser
10 Korianderkörner
6 Fenchelsamen
2 Scheiben Ingwer
20 g Reisessig
Salz, Zucker, 5 g Agar-Agar

Dieses Rezept ist von Andreas Döllerer

Lammsattel, Brokkoli & Zitrone

Für das Zitronengel alle Zutaten mischen, erwärmen, ziehen lassen und durch ein feines Sieb passieren. Mit Agar-Agar 2 Minuten leicht köcheln lassen, dann die Masse 4 Stunden kühl stellen. Anschließend zu einem glatten Gel mixen. Mit Salz und Zucker abschmecken.

Fettschicht beim Lammsattel mit scharfem Messer einritzen. Fleisch (am Knochen) mit den Kräutern vakuumieren und in einem 54° C warmen Wasserbad 40 Minuten garen (während das Lamm gart den Brokkoli zubereiten). Auspacken und mit Salz und Pfeffer würzen. Butter in einer Pfanne erhitzen und Lammsattel auf der Fettseite knusprig anbraten. Kurz rasten lassen, das Fleisch vom Knochen lösen und in Scheiben schneiden.

Brokkoli in Röschen schneiden. Bei 8 größeren Röschen die Spitzen etwa 3 mm abschneiden (und später frittieren). Die Röschen kurz in gut gesalzenem Wasser kochen und in Eiswasser abschrecken. Rindsuppe mit der geräucherten Butter erwärmen, mit Salz und Muskat würzen und Brokkoli dazugeben.

Brokkolireste in leicht gesalzenem Wasser weich kochen und in Eiswasser abschrecken. Mit Obers, Gemüsefond und Butter zu einer geschmeidigen Creme mixen und diese mit Salz, Pfeffer und Muskat würzen. Durch ein feines Sieb streichen.

Geräucherte Béarnaise

100 g Weißwein
1 Lorbeerblatt
1 Wacholderbeere
1 Schalotte
Salz, Pfeffer, Zucker
2 Eigelb
180 g geräucherte Butter
40 ml Rindsuppe
Zitronensaft

NOAN Olivenöl Lemon

Weißwein, fein geschnittene Schalotte, Lorbeer, Wacholder, etwas Salz und Zucker für die Béarnaise in einem kleinen Topf auf ein Drittel einreduzieren. Die Reduktion durch ein Sieb gießen und mit dem Eigelb und der Rindsuppe über Dampf aufschlagen. Die geräucherte Butter langsam und unter ständigem Rühren dazugeben. Die Béarnaise mit Zitronensaft und Salz abschmecken.

TIPP: Mit NOAN Olivenöl Lemon, Lammsauce, Pommes soufflées und frittierten Brokkolispitzen anrichten.

Dieses Rezept ist von Ali & Kaja Quester

Fischburger

Classic

FÜR 4 PERSONEN

- 4 Bachsaibling- und Bachforellenfilets
- 4 Ciabatta-Brötchen
- 1 Gurke
- 4 Kirschtomaten
- 1–2 Handvoll Rucola
- Chimichurri (nach Alexandra Palla, Rezept siehe Seite 119)
- NOAN Olivenöl Classic

Die Ciabatta-Brötchen aufschneiden und auf dem Grill (oder in der Pfanne) rösten und zur Seite legen. Die Brothälften vor dem Grillen mit etwas Olivenöl und Knoblauch für einen besonders intensiven Geschmack einreiben.

Zur gleichen Zeit den Fisch mit etwas Olivenöl bestreichen und grillen oder in einer Pfanne anbraten.

Die Kirschtomaten halbieren und die Gurke der Länge nach in feine Scheiben schneiden. Die Gurkenscheiben locker aufrollen.

Und so wird der Fischburger zusammengebaut:

1) Die Unterseite der Ciabatta mit etwas Rucola belegen.
2) Fischfilet auf das Rucola-Bett legen.
3) Nach Belieben etwas Chimichurri (Rezept siehe Seite 119) oder eine andere Sauce nach Wahl auf das Fischfilet geben.
4) Zwei Gurkenröllchen und zwei Tomatenhälften auf dem Fischfilet drapieren
5) Deckel drauf, reinbeißen und genießen!

TIPP: Am besten immer zuerst die Seite mit der Haut kross anbraten, damit sich der Fisch nicht wellt. Wer möchte, kann die Hautseite vor dem Garen mit einem scharfen Messer einschneiden.

Hirschrücken mit Zucchini und Spargel

Classic

FÜR 4–6 PERSONEN

ein Hirschrücken

frische Kräuter (z. B. Rosmarin oder Thymian)

Salz, Pfeffer

grüner Spargel

gelbe und grüne Zucchini

NOAN Olivenöl Classic

Dieses Rezept ist von Noan

Zuerst den Hirschrücken mit etwas Olivenöl und den frischen Kräutern marinieren und beiseitestellen. Dann das Gemüse gründlich waschen. Die holzigen Enden vom Spargel abschneiden (oder besser abbrechen) sowie die Zucchini in circa 1 cm breite Scheiben schneiden.

Jetzt darf alles auf den heißen Grill. Den Hirschrücken sowie das Gemüse nach circa 10 Minuten wenden, damit es von allen Seiten schön knusprig und goldbraun wird. Die Zubereitungszeit des Hirschrückens variiert je nach gewünschtem Garpunkt.

Zuletzt den Hirschrücken aufschneiden und mit den gegrillten Kräutern garnieren. Das Gemüse separat servieren.

TIPP: Damit das Gemüse beim Grillen nicht zu trocken wird, am besten mit etwas Olivenöl bepinseln.

The Brain

Dieses Rezept ist von Gerald Eichholzer

Classic

FÜR 2–3 PERSONEN

1 Karfiol

150 g Frühstücksspeck

400 g Faschiertes (gemischtes oder Rind, je nach Geschmack)

200 g geriebener Käse

Barbecue-Gewürz

NOAN Olivenöl Classic

Salz, Pfeffer

In einem ausreichend großen Topf Wasser zum Kochen bringen. Wenn das Wasser im Topf sprudelt, etwas Salz hinzugeben und den Karfiol etwa 15 Minuten lang bei mittlerer Hitze vorkochen. Nicht zu lange, der Karfiol sollte noch bissfest sein.

In der Zwischenzeit das Faschierte mit dem geriebenen Käse gut vermengen und mit Salz, Pfeffer und etwas Barbecue-Gewürz abschmecken.

Den Karfiol auf ein Backblech legen und mit der Fleisch-Käse-Mischung komplett ummanteln. Zuletzt die Speckstreifen (am besten überlappend) über den gesamten Karfiol verteilen, sodass man nichts mehr vom Faschierten sieht. 30 bis 40 Minuten im vorgeheizten Ofen bei 180° C backen, bis der Speck knusprig und goldgelb ist.

TIPP: Mit dem Salz sparsam umgehen, denn der Speck sorgt ebenfalls für Würze. The Brain ist ein Super-Low-Carb-Rezept, am besten servieren Sie grünen Salat dazu.

Pesto-Pasta

Classic

FÜR 2 PERSONEN

- 300 g Weizenmehl
- 3 Eier
- 40 g Basilikum (etwa eine Handvoll), klein gehackt
- 1 Knoblauchzehe
- Flor de Sal
- 4 EL NOAN Olivenöl Classic
- 4 EL Pinienkerne, leicht angeröstet
- 1 EL Parmesan

Tagliatelle:
Weizenmehl und Eier so lange kneten, bis ein glatter Teig entsteht, dann 1 Stunde ruhen lassen. In 5 gleichmäßige längliche Stücke zerteilen, mit einer Nudelwalze auf 1–2 mm ausrollen und durch eine Nudelmaschine ziehen. In Salzwasser bissfest kochen.

Pesto:
Pinienkerne in einer Pfanne ohne Öl kurz anrösten. Zutaten klein hacken und die Hälfte der Pinienkerne, Basilikum, Flor de Sal und Knoblauch in einem Mörser weiter zerstoßen, langsam etwas Olivenöl untermengen. Zum Schluss den Parmesan dazugeben und mischen.

TIPP: Um das Pesto haltbarer zu machen, dieses in ein luftdicht verschließbares Glas abfüllen und mit Olivenöl vollständig bedecken.

Dieses Rezept ist von Noan

Rehbolognese

Intenso

FÜR 4 PERSONEN

- 1 kg Rehkeule am Knochen
- 200 g Speck
- 2 EL Tomatenmark
- 1 EL Wacholderbeeren
- 5 weiße Zwiebeln, Butter
- 1 Bouquet Garni
- 100 ml Blutorangenpüree
- ½ Flasche Rotwein
- je 100 ml Portwein weiß, Portwein rot und Madeira
- 500 ml Kalbsjus
- 1 Gewürzsack (Wacholder, Piment, Pfeffer, Anis, Nelke)
- 50 g Weichseln
- Kirschmarmelade
- 100 g Pelati (Dosentomaten)
- 400 g Nudeln oder Spätzle nach Wahl
- 100 g Kräutersalat
- geröstete Mandelsplitter
- frisch geriebener Parmesan
- NOAN Olivenöl Intenso

Das Rehfleisch und den Speck in den Fleischwolf geben. Die Zwiebeln sehr klein würfeln und in etwas Butter goldgelb dünsten. Das gewolfte Fleisch und den Speck zugeben und anrösten. Pelati mixen und gemeinsam mit dem Tomatenmark zugeben. Alles anschwitzen. Die Marmelade zugeben und weiter durchrösten lassen. Dann das Blutorangenpüree und die Alkoholika zugeben und einkochen lassen. Mit Kalbsjus auffüllen, das Bouquet Garni und den Gewürzbeutel zugeben und ca. 1 Stunde ziehen lassen.

In der Zwischenzeit die gewünschte Beilage nach Packungsanleitung zubereiten. Nun den Gewürzsack und das Bouquet Garni entfernen. Je nach Vorliebe Knöpfle, Nudeln oder Spätzle in Schalen oder tiefe Teller geben, die Bolognese darauf anrichten. Den Kräutersalat mit Olivenöl, Salz und Pfeffer marinieren und auf der Bolognese verteilen, mit gerösteten Mandelsplittern und Parmesan garnieren.

PS: Nein, wir haben uns nicht bei den Fotos vertan – die Rehbolognese, die uns Hendrik Otto gezaubert hat, ist besonders edel und deshalb mit herrlichem Grün betucht.

Dieses Rezept ist von Hendrik Otto

Rosa Bianca Melanzani mit Vanille & Eiskraut

Dieses Rezept ist von Heinz Reitbauer

Lemon

FÜR 4 PERSONEN

- 2 Rosa Bianca Melanzani
- 4 Grapefruit, rosa und fleischig
- Karpatensalz

Paprika-Vanille-Creme

- 4 Paprika, grob geschnitten
- 160 g Schalotten, grob geschnitten
- 50 g Olivenöl
- ½ Vanilleschote (Mark)
- 5 Eidotter

Kichererbsen-Gebäck

- 400 ml Rindsuppe
- 1 EL Ducca
- 120 g Kichererbsenmehl
- 75 ml NOAN Olivenöl Classic
- 1 EL Grüner-Pfeffer-Öl
- 500 ml Pflanzenöl

Joghurtsaft mit Estragon

- 3 Schalotten, geschält & grob geschnitten
- Melanzaniabschnitte, gewürfelt
- 1 Knoblauchzehe

Die Grapefruit auspressen und den Saft passieren. Melanzani schälen und in 1 cm dicke Scheiben schneiden. 5 bis 7 schöne Melanzanischeiben mit dem Grapefruitsaft sowie etwas Karpatensalz vakuumieren. Die An- & Abschnitte der Melanzani vorläufig beiseitestellen. Die vakuumierten Scheiben bei 100° C für ca. 25 Min. weich garen und anschließend im Vakuumbeutel überkühlen lassen. Scheiben aus dem Vakuumbeutel nehmen, abtropfen lassen & trocken legen.

Paprika-Vanille-Creme:

Schalotten und Paprika in Olivenöl anschwitzen, leicht salzen und das Vanillemark zufügen. Für ca. 30 Min., bis die ausgetretene Flüssigkeit fast vollständig verkocht ist, bedeckt köcheln lassen. Anschließend die Paprikamasse im Mixer fein pürieren, mit Karpatensalz abschmecken und durch ein feines Spitzsieb passieren. Für die weitere Zubereitung kühl stellen. Die kalte Paprika-Vanille-Creme mit dem Dotter gut verrühren und auf die abgetrockneten Melanzanischeiben 3 mm dick aufstreichen. Im Backrohr bei 100° C ca. 35 Min. garen und vor dem Servieren in die gewünschte Form schneiden bzw. ausstechen.

Kichererbsen-Gebäck:

200 ml Rindsuppe, Ducca, eine Prise Karpatensalz und Kichererbsenmehl kalt verrühren. 200 ml Rindsuppe, Olivenöl und Grüner-Pfeffer-Öl

NOAN Olivenöl Classic zum Anschwitzen

500 g Joghurt

½ reife Avocado

10 Estragonblätter, frisch gezupft & gewaschen

1 Prise Karpatensalz

Paprika mit Met

1 EL Kristallzucker

100 ml Verjus

50 ml Met

1 Prise Karpatensalz

1 gelbe Paprikaschote

Melanzani-Paprika-Gemüse

4 EL Paprikawürfel mit Met

4 EL Rosa Bianca Melanzaniabschnitte, geschält

4 EL Wasserkastanien, geschält

2 EL Eiskraut in feinen Streifen

50 ml NOAN Olivenöl Lemon plus 1 EL zum Marinieren

8 Stk. Eiskraut-Spitzen

1 EL NOAN Trauben-Balsamessig

1 Prise Karpatensalz

aufkochen und das angerührte Kichererbsenmehl unter ständigem Rühren einfließen lassen. Eine Minute lang auskochen, bis es bindet und zu einer zähflüssigen Masse wird. Die noch heiße Masse in einen mit Klarsichtfolie ausgekleideten Behälter einfüllen und bedeckt für mehrere Stunden kalt stellen. Nussgroße Stücke aus der überkühlten Kichererbsenmasse ausbrechen und bei 180° C im Pflanzenöl goldgelb ausbacken, mit Karpatensalz würzen und auf einem Küchenpapier etwas abfetten lassen.

Joghurt-Saft mit Estragon:

Für den Fond Schalotten, Melanzani und Knoblauch in Olivenöl anschwitzen und leicht salzen. Mit dem Joghurt aufgießen, 25 Min. leicht köcheln lassen und anschließend durch ein Etamin abseihen und kalt stellen. Ergibt ca. 250 ml Melanzani-Joghurt-Fond. Diesen zusammen mit den restlichen Zutaten zu einer homogenen Sauce pürieren, durch ein feines Spitzsieb passieren und bei Zimmertemperatur servieren.

Paprika mit Met:

In einer Kasserolle den Zucker ganz leicht karamellisieren. Mit den Flüssigkeiten ablöschen, aufkochen und auf die Hälfte einkochen lassen. Die Paprika schälen, in 5 mm große Würfel schneiden, in der Flüssigkeit 3 Min. leicht köcheln und anschließend im Saft überkühlen lassen.

Melanzani-Paprika-Gemüse mit Met:

Melanzaniabschnitte, Wasserkastanien ca. 4 mm groß würfeln. Die geschnittenen Melanzani im Olivenöl anschwitzen, Wasserkastanienwürfel zufügen, kurz mitschwitzen, anschließend Eiskraut und Paprikawürfel beigeben und mit Karpatensalz abschmecken. Eiskrautspitzen mit Salz, Essig & Öl marinieren und auf dem Gemüse anrichten.

Intenso

FÜR 3–4 PORTIONEN

- 2 große Zucchini
- 300 g Faschiertes vom Rind
- 3–4 große Tomaten, klein geschnitten
- 1–2 Karotten, geraspelt
- 1 Dose Tomaten
- 1 Zwiebel, fein gewürfelt
- Gemüsebrühe
- Lorbeerblätter
- Oregano, Basilikum
- Paprikapulver
- Salz, Pfeffer
- Parmesan, frisch gerieben
- NOAN Olivenöl Intenso

Dieses Rezept ist von Gerald Aichholzer

Zoodles

Etwas Olivenöl in einer großen Pfanne erhitzen, das Faschierte mit ca. ½ TL Paprikapulver anbraten. Zwiebel und Karotten dazu, 5 min dünsten. Tomatenwürfel sowie Dosentomaten hinzufügen und mit Salz, Pfeffer und Oregano abschmecken. Bei Bedarf Gemüsebrühe hinzufügen. Die Pfanne mit einem Deckel verschließen und 10–15 Minuten bei geringer Hitze köcheln lassen (Tomatensaucen werden bei zu großer Hitze schnell säuerlich-bitter). Einen großen Topf Salzwasser zum Kochen bringen.

Mit einem Spiralschneider aus den Zucchini dünne Streifen drehen und die entstandenen Zoodles mit einer Schere in die gewünschte Länge schneiden. Wenige Minuten im kochenden Wasser blanchieren. Mit einer Zange oder großen Gabel die Zoodles aufwickeln und in der Mitte eines Pastatellers platzieren. Etwas von der Bolognese-Sauce darüber geben und mit Parmesan und Basilikum garnieren.

Dieses Rezept ist von Dominik Stolzer

Douro

FÜR 4 PERSONEN

- 4 Stubenkükenbrüste
- 3 Knoblauchzehen
- 2 Rosmarinzweige
- 2 Schalotten , 30 g Butter
- 50 g Putenbrust
- 50 g Schlagobers
- 1–2 Bund Basilikum
- 90 ml NOAN Olivenöl Douro
- 3 grüne Tomaten
- 1 Chilischote
- 10 ml NOAN Trauben-Balsamessig
- 20 gelbe Cherrytomaten
- 16 kleine Kugeln Büffelmozzarella
- 1 Ochsenherztomate, in dünne Scheiben geschnitten
- Salz, Pfeffer
- Zucker

Soufflierte Stubenkükenbrust

Für die marinierten gelben Cherrytomaten eine Knoblauchzehe zerdrücken und mit einem Rosmarinzweig in eine Pfanne geben. 20 ml Olivenöl dazugeben und erhitzen. Mit Salz und Zucker abschmecken und heiß über die gelben Cherrytomaten geben.

TIPP: Damit die Tomaten den Geschmack besser annehmen, sollte man sie schon einen Tag vorher einlegen und kurz vor dem Anrichten noch einmal im Öl erwärmen.

Für die grüne Salsa die Tomaten vierteln, das Kerngehäuse entfernen und in feine Würfel schneiden. Die Schalotte, die Chilischote und eine Knoblauchzehe sehr fein würfeln und unter die Paradeiser mengen. 20 ml Olivenöl und den Balsamessig dazugeben, vermengen und mit Salz und Pfeffer abschmecken.

TIPP: Damit der Geschmack sich besser entfaltet, sollte man die Salsa ca. 1 Stunde ziehen lassen.

Für die Farce die Putenbrust faschieren und in einen Cutter oder eine Moulinette geben. 50 g Basilikum fein hacken und mit dem Schlagobers zur Pute dazugeben. Mit Salz und Pfeffer würzen und zu einer homogenen Masse cuttern. Die Farce in einen Spritzbeutel umfüllen. Die Stubenkükenbrust zuputzen und den Knochen freischneiden. Die Basilikumfarce vorsichtig, aber gleichmäßig unter die Haut füllen und mit den Händen in Form bringen. Eine Schalotte und eine Knoblauch-

zehe grob schneiden und mit der Butter und einem Rosmarinzweig in einer Pfanne erhitzen. Die gewürzten Brüste zugeben, beidseitig anbraten und anschließend für ca. 8 Minuten bei 150 C° Heißluft im Rohr fertig braten. Vor dem Servieren sollte man die Brust noch mit der geschmolzenen Gewürzbutter übergießen.

Für das Basilikumöl 50 ml Olivenöl und ½ Bund Basilikum mit einem Stabmixer pürieren und durch ein feines Sieb abseihen.

Mit Mozzarella, Ochsenherztomate und Basilikumöl anrichten.

Dieses Rezept ist von Martin Klein

Lemon

FÜR 2 PERSONEN

1 Bachforellenfilet (ca. 200 g)

5 g Salz, 500 ml Wasser

Escabeche-Sud

je 80 g Karotten und Schalotten

2 g Knoblauchzehen

17 g frischer Ingwer

Schale von 2 Zitronen

je 1 Zweig frischer Thymian und Rosmarin

4 g Koriandersamen

4–5 schwarze Pfefferkörner

je 10 g Zucker und Salz

5 g Maldon-Salzflocken

100 ml Sushi-Seasoning

200 ml Champagner-Essig

500 ml Wasser

100 ml NOAN Olivenöl Lemon

Bachforelle mit Escabeche

Escabeche-Sud:

Karotten, Schalotten, Knoblauch und Ingwer schälen, grob würfeln. Mit Zitronenschalenstreifen in einen Topf geben. Kräuterzweige, Koriandersamen, Pfefferkörner, Zucker, Salz und die Salzflocken zugeben. Mit Sushi-Seasoning, Champagner-Essig und Wasser auffüllen. Aufkochen, NOAN Olivenöl Lemon zugeben und abkühlen lassen. Den Escabeche-Sud 4 Wochen im Kühlschrank ziehen lassen, abgießen.

Eingelegte Ingwertomaten:

Zucker, Champagner-Essig, Wasser und die Ingwerscheiben aufkochen. Den Sud abkühlen lassen, kalt stellen. Die gelben Kirschtomaten kurz mit Wasser überbrühen, in Eiswasser abschrecken und häuten. Dann mindestens 12 Stunden im kalten Essig-Ingwer-Sud marinieren.

Jalapeño-Mayonnaise:

Die geputzten und entkernten Jalapeños, Salz, Sojasauce und Limettensaft fein mixen. Das flüssige Eiweiß zugeben und untermixen. Dann das Traubenkernöl und das NOAN Olivenöl Lemon einlaufen lassen und weitermixen, bis eine cremige Emulsion entstanden ist. Die Jalapeño-Mayonnaise 12 Stunden kalt stellen.

Escabeche-Vinaigrette:

Escabeche-Sud, klaren Tomatenfond, Essig-Ingwer-Sud, Zitronenverbenenblätter und Xanthan-Base gut durchmixen. Dann durch ein feines Sieb passieren und kalt stellen.

Eingelegte Ingwertomaten

- 50 g Zucker
- 100 g Champagner-Essig
- 150 g Wasser
- 2 Scheiben frischer Ingwer
- 80 g gelbe Kirschtomaten

Jalapeño-Mayonnaise

- 30 g frische grüne Jalapeño-Schoten
- 7 g Salz
- 15 g Sojasauce
- Saft von 1 Limette
- 45 g Eiweiß
- 260 ml Traubenkernöl
- 130 ml NOAN Olivenöl Lemon

Escabeche-Vinaigrette

- 200 ml Escabeche-Sud
- 100 ml klarer, abgetropfter Tomatenfond
- 100 ml Essig-Ingwer-Sud
- 5 g frische Zitronenverbenenblätter
- 40 g Xanthan-Base (1 l Wasser mit 15 g Xanthan gemixt)

Das Bachforellenfilet entgräten, die Haut abziehen und längs halbieren. Das Salz im kalten Wasser auflösen. Die Filetstreifen 5 Minuten in die Salzlake legen und anschließend unter fließendem Wasser abwaschen und trocken tupfen. Die Filetstreifen einzeln auf je 1 Lage Frischhaltefolie legen und zu einer Rolle formen. Die Enden der Rolle straff verschließen, sodass ein kompaktes Bonbon entsteht, dann in Alufolie wickeln und erneut fest verschließen.

Die Bachforelle im warmen Wasserbad bei konstant 46° C 7 Minuten garen. Die Fischrollen abkühlen lassen, vor dem Anrichten in fingerdicke Röllchen schneiden und zimmerwarm anrichten.

TIPP: Zum Anrichten je ein buntes Potpourri aus 2–3 halbgetrockneten Tomatenfiletkreisen, Zucker- und Wassermelonenkügelchen, frischen roten und gelben Johannisbeertomaten, eingelegten Ingwertomaten, Pepquinos und etwas Tomatengallert auf 2 tiefe Teller anrichten. Je 3–4 Röllchen Bachforelle auf die Teller geben und in die Zwischenräume etwas Jalapeño-Mayonnaise spritzen. Dann etwas Escabeche-Vinaigrette angießen und alles mit Zitronenverbenenblättern und eventuell feinem Rucola, Sauerklee sowie griechischem Basilikum garnieren und sofort servieren.

Classic

FÜR 4 PERSONEN

600 g grätenfreies Zanderfilet
3 Rhabarber
60 g Kandiszucker
frischer Estragon
Salz
40 g Pommerysenf
4 große Artischocken, sauber geputzt, (man kann auch gute eingelegte verwenden)
Pernod
Fenchelsamen
Piment, Lorbeer
Knoblauch
4 Schalotten
1 l fertiger Gemüsefond
Thymian, Rosmarin
NOAN Olivenöl Classic

Zander mit Rhabarber

Dieses Rezept ist von Thomas Brecher

Geschälten Rhabarber in kleine Stücke schneiden und mit Zucker, Senf und Salz scharf anbraten und weich dünsten. Dann fein geschnittenen Estragon dazu und zu Chutney einkochen. Artischocken klein schneiden und mit Schalotten und Lorbeer in Olivenöl anbraten, restliche Gewürze zufügen, mit Pernod und Gemüsefond aufgießen. Thymian und Rosmarin dazu, kurz dünsten. Den Zander in Olivenöl auf der Hautseite knusprig braten, auf den Artischocken anrichten. Ein wenig Rhabarber auf den Fisch geben und großzügig mit Olivenöl beträufeln.

TIPP: Um das Gericht zu parfümieren, einfach Koriander aus der Mühle darüber reiben.

Riesengarnelen an Avocado

Douro

FÜR 4 PERSONEN

8–12 Garnelen, Größe U5 mit Kopf und Schale

NOAN Olivenöl Douro

2 Limetten

Salz

2 Avocados

½ rote Zwiebel

1 Löffel frischer Koriander, gehackt

Zitrone

Tomaten, gewürfelt

Chicorée (Endivien), quer zum Blatt klein geschnitten

Jungzwiebeln, klein geschnitten

Garnelen:

Die Garnelen am Rücken mit einer Schere aufschneiden und den Darm herausziehen. Mit reichlich Olivenöl, Saft und Zesten von zwei Limetten und Salz bei Zimmertemperatur eine Stunde lang marinieren (oder über Nacht im Kühlschrank).

Die Garnelen bei starker Hitze auf den Holzkohlegrill legen und auf eine Kerntemperatur von 56° C bringen, dann vom Grill nehmen. Die Temperatur steigt weiter auf ca. 59–60° C.

Bei Garnelen spielt es eine große Rolle, dass man sie frisch verwendet und nicht zu lange liegen lässt, sonst besteht Bakteriengefahr (zwischen 10 und 55° C). Zum Messen der Kerntemperatur verwendet der Profi eine möglichst dünne Thermosonde.

Avocadosalat:

Avocado mit Zitronensaft beträufeln und mit einer Gabel zerdrücken. Mit den restlichen Zutaten vermengen. Die Endivien geben dem Salat den besonderen Crunch!

Dieses Rezept ist von Denis König

Kalbsrückensteak auf Kartoffel-Oliven-Püree

Dieses Rezept ist von *Josef Neuherz*

Intenso

FÜR 4 PERSONEN

- 720 g zugeputzter Kalbsrücken
- 1 Zweig Rosmarin
- 800 g mehlige Kartoffeln
- 200 ml Milch
- 20 g Oliven (Taggiasche)
- 20 g NOAN Oliven
- glatte Petersilie
- 100 ml Gemüsefond
- etwas Kalbsjus
- 1 Chilischote
- 1 Zitrone
- 250 g breite grüne Bohnen
- Muskatnuss
- geschroteter schwarzer Pfeffer, Salz
- Basilikum
- NOAN Olivenöl Intenso

Kalbsrücken in vier Portionen schneiden und die Scheiben mit etwas gehacktem Rosmarin und Pfeffer bestreuen. Die Kartoffeln schälen und in Salzwasser weich kochen. Flüssigkeit abschütten, Kartoffeln stampfen und mit aufgekochter Milch glatt rühren. Mit Salz und geriebener Muskatnuss abschmecken und durch ein grobes Sieb streichen.

Grüne Oliven entkernen und mit den schwarzen in Würfel schneiden. Petersilie in Salzwasser kurz – ca. 10 Sekunden – blanchieren und in Eiswasser abschrecken. Die Petersilie klein schneiden und mit kaltem Gemüsefond mixen, salzen und durch ein Sieb drücken. Die Bohnen in Salzwasser weich kochen, abschrecken und in lange, feine Streifen schneiden. Den marinierten Kalbsrücken salzen und in einer Grillpfanne zeichnen oder grillen. Anschließend einige Minuten ins auf 160° C vorgeheizte Rohr geben. Garzeit variiert je nach Dicke der Steaks!

Die geschnittenen Oliven zum Kartoffelpüree geben und mit viel Olivenöl vollenden (das Olivenöl muss sich schön mit dem Püree verbinden). Die Bohnen in Olivenöl mit klein geschnittener Chilischote erwärmen, mit Salz, Basilikum und geriebener Zitronenschale abschmecken. Den Petersilienfond erwärmen und vor dem Servieren mit Olivenöl vollenden.

Das Kartoffelpüree auf die Teller geben. Den geschnittenen Kalbsrücken und die grünen Bohnen darauf anrichten. Danach den Petersilien-Olivenöl-Fond und etwas Kalbsjus auf die Teller verteilen.

Lammkronen mit Gröstl und Herzkirschen

Classic

FÜR 4 PERSONEN

3 Lammkronen (Martin Zeißl verwendet Bio-Lammkronen aus dem Waldviertel)

30 g Butter

Rosmarin, Thymian, Knoblauchzehe

80 g Eierschwammerl

100 ml NOAN Olivenöl Classic

1 Feldgurke

12 Herzkirschen

100 g Wurzelspeck

80 g wilder Brokkoli

80 g Fisolen

80 g Zuckerschoten

Eiswürfel zum Abschrecken

8 heurige Babyerdäpfel

10 g Zitronenverbene (Minze kann man ersatzweise auch verwenden)

1 EL Holundersirup

Salz, Pfeffer

rotes Basilikum

Holunderblüten

Backrohr auf 180° C vorheizen. Das Lamm mit Salz und geschrotetem Pfeffer würzen. In einer heißen Pfanne mit Tafelöl scharf anbraten, nach ca. 2 Minuten wenden, anschließend auf ein mit Backpapier ausgelegtes Backblech legen.

Butter mit Knoblauch und Kräutern zerlassen und die Mischung über das Lamm gießen. Die Kronen für etwa 8 Minuten in den Ofen geben, bis sie medium-rare sind (je nach Dicke und bevorzugter Garstufe). Das Fleisch danach mit Folie abdecken und 10 Minuten ruhen lassen.

Den Wurzelspeck würfeln und langsam in einer Pfanne schwenken, bis er goldbraun ist. Die Speckwürfel auf ein Papier geben und das überschüssige Fett abtropfen lassen.

Die heurigen Erdäpfel waschen und samt der Schale etwa 20 Minuten lang in Salzwasser kochen. Auskühlen lassen, schälen und halbieren. Die Eierschwammerl unter fließendem Wasser waschen und auf einem Papier abtropfen lassen.

Die Kirschen entkernen. Zuckerschoten, Keniabohnen und wilden Brokkoli in kochendem Salzwasser 2 Minuten blanchieren und in Eiswasser abschrecken, so behält das grüne Gemüse die Farbe. Die Feldgurken waschen, ca. 1 cm dick der Länge nach aufschneiden und in Eiswasser

Dieses Rezept ist von Martin Zeißl

einlegen. Erdäpfel und Eierschwammerl in Olivenöl anbraten – nicht zu heiß, sie sollen keine Farbe bekommen. Das blanchierte Gemüse und die Kirschen hinzugeben und zwei Minuten schwenken. Die ausgelassenen Speckwürfel untermischen, mit Holundersaft und Zitronenverbene verfeinern.

Mit Feldgurken, rotem Basilikum und Holunderblüten dekorieren.

TIPP: Die Lammkronen am besten gleich beim Einkauf bratfertig herrichten lassen.

Intenso

FÜR 1 TARTE

- 10 Blätter Yufkateig (etwas größer als die Tarte-Form)
- 60 g geschmolzene Butter
- 1 Nashibirne (entkernt, in 1 cm dicke Scheiben geschnitten)
- 300 g Tatar
- 4 Eier
- 3 EL Semmelbrösel
- Salz, Pfeffer
- Kräuter der Provence, gemörsert
- 1 rote Zwiebel, fein gehackt
- 1 Knoblauchzehe, fein gehackt
- 1 Lauch, in feine Streifen geschnitten
- 300 g Schmand
- 4 EL Ziegenfrischkäse
- je 3 Zweige Thymian, Rosmarin, Oregano
- ½ Rolle Ziegenkäse, in Scheiben geschnitten
- NOAN Olivenöl Intenso

Ziegenkäse-Birnen-Tarte

Dieses Rezept ist von *Die Jungs*

Die Yufkateig-Blätter so groß schneiden, dass sie etwas größer als die Tarteform sind. Mit Butter bestreichen, in der ebenfalls gebutterten Tarteform aufeinander legen und mit der Nashibirne belegen. Den überstehenden Teig am Rand abschneiden.

Das Tatar mit einem Ei, den Semmelbröseln, Salz, Pfeffer und Kräutern der Provence vermischen und abschmecken. Kirschgroße Bälle daraus formen, in einer heißen, gefetteten Pfanne kurz von allen Seiten anbraten und auf Küchenpapier auskühlen lassen. Zwiebeln, Knoblauch und Lauch kurz goldbraun in der Pfanne anbraten.

Die restlichen Zutaten, bis auf die Ziegenkäserolle, in einer Schüssel vermischen, das Gemüse aus der Pfanne hinzugeben und abschmecken. Die Tarteform mit der Schmand-Ziegenkäse-Mischung bis zum Teigrand auffüllen und mit Tatarbällchen und Ziegenkäsescheiben belegen.

Die Tarte ca. 25 Minuten bei 200° C Ober-/Unterhitze backen. Danach etwa fünf Minuten nachziehen lassen und vor dem Servieren mit Olivenöl beträufeln.

Dieses Rezept ist von Noan

Intenso

FÜR 2 PORTIONEN

2 Melanzani
100 g Karotten
100 g Weißkohl, frisch gehobelt
1 Apfel (z. B. Gala oder Jonagold)
½ Bund Frühlingszwiebeln
frische Petersilie, gehackt
frischer Koriander, gehackt
Salz, Pfeffer
1 Chilischote
NOAN Olivenöl Intenso
NOAN Trauben-Balsamessig
1 TL Senf
½ TL Honig
etwas Zitronensaft

Gefüllte Melanzani

Den Ofen auf 180 °C vorheizen. Währenddessen die Melanzani halbieren und die Kerne mit einem Löffel entfernen. Auf einem mit Backpapier ausgelegten Backblech die Melanzanihälften mit der flachen Seite nach unten mindestens 20 Minuten lang im Backofen garen. In der Zwischenzeit die Füllung und das Dressing vorbereiten.

Die Möhren, den Weißkohl sowie den Apfel putzen und raspeln, die Frühlingszwiebeln in feine Ringe schneiden. Für das Dressing der lauwarmen Rohkostfüllung den Senf mit Honig, Essig, Olivenöl und etwas Zitronensaft in einer kleinen Schale verrühren, bis eine homogene Sauce entsteht. Zuletzt mit Salz, Pfeffer und klein geschnittenem Chili nach Geschmack abschmecken.

Mit einem Löffel die Hälften der Melanzani aushöhlen, klein schneiden und zusammen mit dem übrigen, klein geschnittenen Gemüse in einer Schüssel vermischen. Mit dem Dressing beträufeln. Zuletzt die Melanzanihälften mit dem Gemüse befüllen und noch lauwarm servieren.

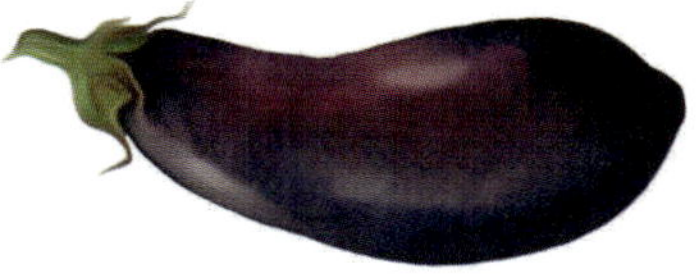

Douro

FÜR 4 PERSONEN

4 Weizen- oder Vollkorntortillas

250–300 g Couscous

2 Tomaten

Kohl

1–2 Handvoll Cheddar

2–3 Frühlingszwiebeln

eine Handvoll Minze

1 Zitrone

NOAN Olivenöl Douro

Salz, Pfeffer

BBQ-Sauce
(Rezept siehe Seite 118)

Couscous-Wrap

Dieses Rezept ist von Wrap Stars

Couscous nach Packungsanleitung zubereiten. Alle anderen Zutaten in der Zwischenzeit in kleine Stückchen schneiden, den Cheddar reiben. Für die Salsa einfach die geschnittenen Tomaten, Frühlingszwiebeln und Minze mit dem Saft einer Zitrone, Olivenöl, Salz und Pfeffer vermischen.

Die Tortillas wärmen, bis sie auf beiden Seiten leicht angebräunt sind. Anschließend den fertigen Couscous, den geschnittenen Kohl, den Cheddar und die Salsa auf dem Wrap verteilen. Zum Schluss noch ein wenig Barbecue-Sauce dazugeben.

Wrap-Tutorial:
Die Füllung am besten nicht mittig, sondern eher im unteren Drittel platzieren. Zunächst wird das untere Ende über die Füllung nach oben fest eingeklappt. Dann von einer Seite beginnend alles zu einem Wrap wickeln.

TIPP: Ein bisschen frisch gepressten Orangensaft zur Barbecue-Sauce mischen. Man kann entweder gekaufte Barbecue-Sauce verwenden – wir nehmen natürlich die von Wrapstars – oder seine eigene zubereiten. Das Rezept dafür finden Sie auf Seite 118.

Nachspeisen

Dieses Rezept ist von Margit Schweger

Olivenöl-Schokoladen-kuchen

Intenso

FÜR 1 KUCHEN

200 g Schokolade (mind. 70 % Kakaoanteil)

125 ml NOAN Olivenöl Intenso

200 g Puderzucker

2 TL gemahlene Mandeln oder Haselnüsse

5 Bio-Eier

Salz

Die Schokolade grob zerkleinern und über einem Wasserbad langsam schmelzen, gelegentlich umrühren. Wenn die Schokolade komplett geschmolzen ist, das Öl langsam in einem regelmäßigen Strahl der Schokolade beifügen und vorsichtig unterrühren. Nun den Topf vom Herd nehmen und zwei Drittel des Zuckers (ca. 130 g) sowie die gemahlenen Nüsse unter die Schoko-Öl-Masse heben. So lange rühren, bis sich der Zucker aufgelöst hat. Im Anschluss die Eier trennen und die Eigelbe vorsichtig in die Masse rühren. Am besten alles vorher unter ständigem Rühren leicht abkühlen lassen, damit das Ei nicht stockt.

Während die Schokoladenmischung abkühlt, das Eiweiß mit einer Prise Salz steif schlagen und den Rest des Zuckers vorsichtig einrühren. Zuletzt den Eischnee sehr behutsam unter den Schokoladenteig heben, sodass wenig Volumen verlorengeht und der Kuchen beim Backen schön aufgeht. Den Teig in eine gefettete Springform (20 cm) umfüllen und 35 bis 40 Minuten im vorgeheizten Ofen bei 180° C backen. Der Kuchen ist fertig, wenn die Kruste aufbricht.

TIPP: Eine Prise Salz zum Eiweiß geben, da es sich dann besser steif schlagen lässt. Zudem bekommt der Eischnee durch das Salz eine schönere Textur und verliert nicht so schnell das Volumen.

Classic

FÜR 1 TORTE

- 250 g geriebene Mandeln
- 50 g Kokosfett
- 50 ml NOAN Olivenöl Classic
- Gelatine (Agar-Agar als vegetarische Alternative)
- 250 g Joghurt
- 400 g Frischkäse
- 100 g Birkenzucker
- 125 g frische Heidelbeeren

Dieses Rezept ist von Gerald Eichholzer

Low-Carb-Cheesecake

Kuchenboden: Gemahlene Mandeln ohne Öl anrösten, dann mit Olivenöl und Kokosfett vermischen und in einer 24 cm großen Kuchenform platt drücken. Für 20 Minuten in den Tiefkühler geben.

Cream Cheese: Gelatine laut Packungsangabe zubereiten, anschließend Joghurt, Frischkäse, Zucker und einen Teil der Gelatine vermischen, auf dem Kuchenboden verteilen. Heidelbeeren pürieren, die restliche Gelatine einrühren und auf dem Cream Cheese verteilen. Mindestens eine Stunde kalt stellen. Mit frischen Heidelbeeren verzieren, anschneiden und genießen.

Dieses Rezept ist von Christian Domschitz

Classic

FÜR 4 PERSONEN

500 g Nougat

300 ml Schlagobers, halb geschlagen

Feigen

frische Himbeeren

Rosmarin, gehackt

1 Blatt weiße Gelatine

130 g Honig, hell

2 EL NOAN Olivenöl Classic

2 EL NOAN Zitronen-Olivenöl Lemon

Nougatmousse mit gebratenen Feigen

Für das Mousse das Nougat zerlassen, den Schlagobers halb schlagen und beides rasch zusammenrühren. 1 Stunde kühlen lassen. Die Feigen dickblättrig schneiden und in Olivenöl anbraten. Himbeeren passieren und pro Feige einen Esslöffel servieren, mit einer Messerspitze Rosmarin verfeinern.

Für die Sauce die flüssige Gelatine, den Honig, das Olivenöl und das Zitronen-Olivenöl zusammenrühren.

Dieses Rezept ist von Stefan Resch

Himbeer-Zitronen-Tarte

Lemon

FÜR 4 TARTES

Tarteböden

300 g Mehl
200 g kalte Butter
100 g Staubzucker
1 Ei

Zitronen-Olivenöl-Creme

80 g Zitronensaft
100 g Kristallzucker
4,5 g Vanillecremepulver (oder alternativ Maisstärke)
85 g Vollei, 33 g Eigelb
24 ml NOAN Olivenöl Lemon
60 g Butter
1 Blatt Gelatine

Marinierte Himbeeren

200 g Himbeeren
1 EL Staubzucker
5 ml Grand Marnier

Meringue

75 g Eiweiß
110 g Zucker

Für die Tarteböden alle Zutaten rasch zu einem Teig kneten und in eine Klarsichtfolie einwickeln. Mindestens eine halbe Stunde im Kühlschrank rasten lassen. Den Teig auf ca. 6 mm ausrollen und die Tarteformen damit auslegen. Mit Bohnen oder Reis bedecken und blind bei 180° C backen. Nach dem Erkalten Füllmaterial entfernen.

Zitronensaft mit Zucker aufkochen. Vanillecremepulver, Vollei und Eigelb verrühren und in den Zitronensaft einrühren, 2 Minuten aufkochen lassen. Eingeweichte Gelatine ausdrücken und in die heiße Masse einrühren. Butter schmelzen, mit NOAN Olivenöl Lemon mischen und mit einem Stabmixer ganz langsam in die Creme einmixen, bis eine homogene Masse entsteht. Noch warm direkt weiterverarbeiten.

Himbeeren in einer Schüssel mit Staubzucker und Grand Marnier vermischen, Eiweiß und Zucker aufschlagen, bis der Schnee steif ist.

Die vorgebackenen Tarteböden mit frischer Zitronen-Olivenöl-Creme auffüllen und stocken lassen. Die marinierten Himbeeren darauf verteilen. Die Meringue mit einer sternförmigen Spritztülle kreisförmig in kleinen Spitzen auf die Himbeeren aufdressieren. Bei 220° C Heißluft ca. 4 Minuten backen, bis die Kanten gut gebräunt sind. Auskühlen lassen, mit Staubzucker bestreuen und gleich essen.

TIPP: Dazu passen kandierte Orangenschalen, frische Himbeersauce und frische Zitronenverbene.

Panna cotta mit Olivenöl

Classic

Dieses Rezept ist von Noan

FÜR 4 PERSONEN

- 500 ml Obers
- 4 Kardamomkapseln
- 2 EL NOAN Olivenöl Classic
- 1 Vanilleschote
- 3 Blatt Gelatine
- 40 g Zucker
- 1 Limette
- gemischte Beeren (Himbeeren, Heidelbeeren)
- 2 EL brauner Zucker
- 2 EL Rum
- 1 EL NOAN Apfel-Balsamessig

Kardamomkapseln grob zerstoßen. Obers mit Kardamom, Olivenöl, ausgekratzter Vanille und Schote sowie dem Zucker aufkochen und kurz köcheln lassen, dann vom Herd nehmen und 5 Minuten durchziehen lassen. In der Zwischenzeit die Gelatine in kaltem Wasser quellen lassen. Obersmischung abseihen und erneut erhitzen. Gelatine ausdrücken und im heißen Obers auflösen. In 4 Gläschen füllen und 4 Stunden kühl stellen.

Die Beeren mit 2 EL Zucker, 2 EL Rum und einem Schuss Essig vermischen und ziehen lassen. Vor dem Servieren in die kleinen Gläschen füllen.

Olivenöl-Eis

Dieses Rezept ist von Thomas Brecher

Douro

FÜR 8–10 PERSONEN

150 g Honig
250 g Wasser
Saft von 3 Zitronen
400 ml NOAN Olivenöl Douro

Alle Zutaten zusammenmixen und einfrieren. Falls vorhanden, in einer Eismaschine zubereiten. Ansonsten wie Granité herstellen, also einfrieren und während dem Gefrieren etwa halbstündlich mit einer Gabel verrühren, damit durch die Kristalle eine körnige Substanz entsteht.

TIPP: Das Olivenöl-Eis ist eine herrlich erfrischende Nachspeise, passt aber auch beispielsweise ganz hervorragend zu den Bachforellennockerln auf Seite 73.

Dieses Rezept ist von Thomas Brecher

Intenso

Macadamia-Auflauf mit Mangocoulis

FÜR 4 PERSONEN

- 50 g Bitterschokolade
- 50 g Butter
- 5 Eier
- 50 g Brösel
- 110 g fein gehackte NOAN Macadamias, ungesalzen
- 60 g Zucker
- 3 reife Mangos
- 3 Limetten
- ⅛ l NOAN Olivenöl Intenso
- etwas Vanilleschotenmark

Eier trennen. Eiweiß mit dem Zucker steif schlagen. 4 feuerfeste Formen ausbuttern und mit Zucker ausstreuen. Ofen auf 180 °C vorheizen. Ein Blech mit Wasser vorbereiten, sodass später die Förmchen zu einem Drittel im Wasserbad stehen.

Die Schokolade schmelzen, abkühlen lassen. Die Butter schaumig rühren, das Eigelb untermengen, Macadamias und Brösel dazugeben. Die Schokolade zügig untermischen. Das geschlagene Eiweiß zum Schluss locker unterheben.

Die Masse in die Formen füllen und im Ofen im Wasserbad 25 bis 30 Minuten garen. Herausnehmen, stürzen und mit der Sauce und etwas eiskaltem Olivenöl servieren.

Olivenöl-Mangocoulis:
Die Mangos schälen, klein schneiden und mit Limettensaft, Olivenöl und etwas Vanille pürieren.

Douro

FÜR CA. 12 MUFFINS

2 Tassen Mandelmehl, entölt

4 Eier

2 TL Backpulver

⅓ Tasse Birkenzucker

2 EL Kakao

2 Rippen Schokolade mit mindestens 80 % Kakaoanteil, geraspelt

⅓ Tasse NOAN Olivenöl Douro

⅓ Tasse Wasser

¼ TL Salz

Dieses Rezept ist von Gerald Aichholzer

Low-Carb-Schoko-Muffins

Zuerst den Ofen auf 180° C vorheizen und ein Muffinblech mit den kleinen, handelsüblichen Papiermanschetten auslegen.

Mandelmehl, Backpulver, Zucker, Kakao, Schokoladeraspeln sowie das Salz miteinander vermischen. Dann in einer separaten Schüssel die Eier, das Wasser und das Olivenöl gut verrühren und mit der Mandelmehl-Schokolade-Mischung vermengen, bis ein glatter, leicht flüssiger Teig entsteht.

Den Teig zu gleichen Teilen in die Formen füllen. Ca. 30 Minuten lang backen, anschließend aus dem Blech nehmen und abkühlen lassen.

Dieses Rezept ist von Robert Letz

Orangen-Gugelhupf

Douro

FÜR 1 GUGELHUPF

- 4 Eier
- 250 g Staubzucker
- geriebene Schale einer Orange
- 100 ml NOAN Olivenöl Douro
- 100 ml Wasser
- ½ Packung Backpulver
- 250 g glattes Mehl
- 3 EL Bitterschokolade-Drops

Die Eier trennen. Die Eidotter, den Zucker und die Orangenschale mindestens 5 Minuten lang mit einem Mixer schaumig schlagen bis sich die Masse verdoppelt hat und eine hellgelbe Farbe angenommen hat.

Mehl und Backpulver vermengen, Olivenöl und Wasser abwechselnd eingießen und zu einer gleichmäßigen Masse verrühren.

Eine Prise Salz zu den Eiklar geben und einen steifen Schnee schlagen. Dabei ist es wichtig, dass die Mixhaken ganz sauber sind – Verunreinigungen verhindern, dass das Eiweiß steif wird. Den Eischnee mit einem Spatel vorsichtig unter die Masse heben, damit dieser sein Volumen behält und nicht zerfällt. Nun die Schoko-Drops sachte einrühren.

Den Teig in die Gugelhupfform füllen und etwa 45 Minuten bei 180° C Umluft backen.

Ricotta-Soufflé mit Mangosorbet und Passionsgel

Lemon

FÜR 4 PERSONEN

Soufflé

- 3 Eier
- 2 EL Zucker
- 200 g Ricotta
- 1 EL Mehl glatt
- 1 TL Zitronenzeste
- 2 EL Zitronensaft
- 1 EL Maisstärke
- 1 Prise Salz

Mangosorbet

- 500 g Mangopüree
- 166 g Zucker
- 50 g Glukosesirup
- 150 g Wasser

Passionsgel

- 50 g Passionsfruchtpüree
- 50 g Läuterzucker
- 1,1 g Agar-Agar
- 1,3 g Gellan
- 5 ml NOAN Olivenöl Lemon

Soufflé:

Eier trennen. Dotter und Zucker schaumig rühren. Eiweiß mit einer Prise Salz steif schlagen. Die restlichen Zutaten unter die Dotter-Zucker-Masse rühren, Schnee unterheben. In gebutterten Tariolformen ca. 18 Minuten bei 180° C backen.

Mangosorbet:

Alle Zutaten in einem Topf aufkochen. In Edelstahl-Becher füllen und einfrieren.

Passionsgel:

Alle Zutaten aufkochen, in ein Blech gießen und 1 Stunde kühl stellen. Danach im Thermomix oder in der Küchenmaschine pürieren und durch ein feines Sieb drücken

Soufflé mit Mangosorbet anrichten und Passionsgel tröpfchenweise auf dem Teller verteilen.

Dieses Rezept ist von Johannes Lingenhel

Intenso

FÜR 4 PERSONEN

500 ml Milch
5 EL Zucker
120 g Butter
½ Vanilleschote
140 g Grieß
2 Eier
50 g Nougat
Abrieb von einer Orange
Puderzucker
1 l Milch
50 g Zucker
1 Prise Salz
1 Birne
etwas Butter zum Begießen
1 EL NOAN Olivenöl Intenso

Grießknödel mit geschmorter Birne

Dieses Rezept ist von Hendrik Otto

Die Milch mit dem Zucker, der Butter, der Vanille und dem Orangenabrieb aufkochen lassen. Grieß einrühren und aufquellen lassen. Vom Herd nehmen, kurz auskühlen lassen. Vanille auskratzen, Schote entfernen.

Die Eier unterrühren und 1 Stunde ruhen lassen. Die Masse in etwa golfballgroße Stücke portionieren, kleine Stücke vom Nougat in die Mitte legen und mit flachen Händen Knödel daraus formen. Die Knödel in 1 l kochende Milch geben, einmal aufkochen und danach 10 bis 15 Minuten ziehen lassen. Die Knödel aus der Milch nehmen, auf Küchenpapier abtropfen lassen und mit Puderzucker bestreuen.

Die Birne achteln und das Kerngehäuse entfernen. Mit dem Zucker bestreuen und die Stücke in einer heißen Pfanne langsam karamellisieren, bis sie goldgelb sind. Die Pfanne vom Herd nehmen, etwas Butter und das Olivenöl zugeben und um die Stücke zerlaufen lassen. Nun die Grießknödel mit den Birnenspalten auf einem Teller anrichten.

Extras
Drinks
Snacks

BBQ-Sauce

Intenso

FÜR EIN GLAS

- 50–100 ml Worcestershire-Sauce
- 1 Zwiebel, fein gehackt
- 2 EL brauner Zucker
- 200 ml Ketchup
- 2 TL Senf
- 1–2 gestrichene EL Paprikapulver, geräuchert
- 1 Chilischote, fein gehackt
- 3 Knoblauchzehen, fein gehackt
- Saft und Abrieb einer Zitrone
- Rauchsalz
- 50–100 ml NOAN Olivenöl Intenso

Dieses Rezept ist von Noan

Sämtliche Zutaten in einen Topf geben, miteinander vermischen und circa eine halbe Stunde bei mittlerer Temperatur köcheln lassen. Im Anschluss daran alles mit einem Pürierstab oder in einem Blender mixen, so lange bis eine homogene, leicht eingedickte Sauce entstanden ist. Zum Schluss mit Rauchsalz abschmecken.

Die Sauce ist sowohl als Marinade als auch zum Dippen geeignet. Egal ob Schweinsrippchen, Grillfleisch oder Bratkartoffeln – Barbecue-Sauce verleiht jedem Gericht zusätzlichen Pep und Schwung.

TIPP: Die BBQ-Sauce einfach in kleine Gläser umfüllen! Das sieht nicht nur auf dem gedeckten Tisch hübsch aus, sondern ist auch ein schönes Mitbringsel.

Douro

Chimichurri

FÜR EINE KLEINE SCHALE

Petersilie
Minze
Rosmarin oder Basilkum
1 Bio-Zitrone
1–2 Knoblauchzehen
rosa Pfeffer
125 ml NOAN Olivenöl Douro
1 EL Senf
1 EL Meersalz

Je eine Handvoll der frischen grünen Kräuter klein hacken. Dann mit Salz, Olivenöl, Senf, Pfeffer sowie dem Abrieb und Saft der Bio-Zitrone verrühren. Fertig!

TIPP: Wir haben das Chimichurri von Alexandra Palla übrigens als perfekte Ergänzung für die Fischburger verwendet. Das Rezept dazu finden Sie auf Seite 75.

Dieses Rezept ist von Alexandra Palla

Dieses Rezept ist von Noan

Classic

FÜR 4–6 PORTIONEN

1 Glas NOAN Oliven

3 EL NOAN Olivenöl Classic

eine Prise grobes Meersalz

1 Knoblauchzehe

frische Rosmarinzweige

Kräuteroliven

Die Salzlake abgießen und die Oliven in eine ofenfeste Form geben. Etwas Olivenöl, grobes Meersalz, Knoblauch sowie Rosmarinzweige dazugeben und bei 180 °C im Ofen circa 20 Minuten erhitzen. Heiß servieren!

TIPP: Es ist übrigens ein Mythos, dass man Olivenöl nicht erhitzen darf. Hochwertiges Olivenöl darf man bis zum Rauchpunkt erhitzen und ohne weiteres zum Kochen und Braten verwenden – mehr dazu auf Seite 12.

Dieses Rezept ist von Noan

Intenso

FÜR 3–4 PERSONEN

500 g Kartoffeln
Thymian
Rosmarin
Salz und Pfeffer
NOAN Olivenöl Intenso
100 g Naturjoghurt
100 g Sauerrahm
eine Handvoll Schnittlauch
ev. etwas Zitronensaft

Smashed Potatoes

Den Backofen auf 180–200 °C vorheizen. Währenddessen die ungeschälten Erdäpfel in einem ausreichend großen Topf kochen, bis sie fast gar sind. Anschließend die Kartoffeln auf einem mit Backpapier ausgelegten Backblech verteilen und leicht zerquetschen. Das funktioniert am besten mit einem Pfannenwender oder einem ähnlichen Küchenutensil. Die Smashed Potatoes mit Olivenöl, Salz und Pfeffer würzen und frische Rosmarin- und Thymianzweige zu den Kartoffeln auf das Blech legen. In den Ofen damit und circa 20 Minuten backen, bis sie goldbraun und knusprig sind.

Für den Kräuterdip einfach den Sauerrahm mit dem Naturjoghurt vermischen und cremig rühren. Den Schnittlauch klein schneiden und der Sauerrahm-Joghurt-Mischung beigeben. Nach Belieben mit Salz, Pfeffer und eventuell einem Spritzer Zitronensaft abschmecken.

Dieses Rezept ist von Noan

Osterzopf

Classic

FÜR 1 OSTERZOPF

- 600 g Mehl
- 300 ml lauwarmes Wasser
- 1 Päckchen bzw. 7g Germ (Trockenhefe)
- 3 EL grobes Meersalz
- 3 EL NOAN Olivenöl Classic
- 2 ½ Bund gehackte Kräuter (z.B. Basilikum, Thymian oder Rosmarin)
- 200 g Hartkäse, gerieben (z.B. Bergkäse)
- 50 g geriebenen Parmesan
- gefärbte Eier für die Dekoration
- ausgeblasene Eier als Deko-Platzhalter beim Backen

In einer Schüssel das Mehl mit dem Germ, 2 TL Salz, Olivenöl und Wasser zu einem homogenen Teig vermengen. Den Teig zugedeckt mit einem feuchten Tuch an einem warmen Ort eine Stunde ruhen lassen.

In der Zwischenzeit 2 Bund der gehackten Kräuter mit dem Käse mischen und in den Teig einarbeiten. Anschließend den Teig in drei gleich große Stücke teilen und zu langen Strängen rollen. Auf einem mit Backpapier ausgelegtem Blech ausbreiten und zu einem Zopf flechten.

Den Zopf vor dem Backen mit gequirltem Ei bestreichen und mit den restlichen Kräutern sowie dem groben Meersalz bestreuen. Weitere 15 Minuten zugedeckt ruhen lassen. Danach 40 Minuten im vorgeheizten Ofen bei 200 °C goldbraun backen.

TIPP: Für die Dekoration während des Flechtens kleine Mulden für hartgekochte, gefärbte Eier aussparen. Damit die Mulden während des Backens erhalten bleiben mit Platzhaltern (z. B. ausgeblasenen, ungefärbten Eiern) backen.

Dieses Rezept ist von Marcus Philipp

Classic

FÜR EIN GLAS

- 5 cl Gin
- 2,5 cl Limettensaft
- 2 cl Zuckersirup
- etwas Koriander
- etwas Minze
- ein paar Tropfen NOAN Olivenöl Classic
- eine Prise Salz
- 1 Limette

Crazy Funky Fizz

Gin, Limettensaft, Zuckersirup, Koriander, Minze, Olivenöl und Salz kräftig mit Eiswüfeln shaken und in ein Glas über Eiswürfel abseihen. Mit frischer Minze und Limette garnieren.

TIPP: Als gesunde Snacks passen zu diesem Cocktail ganz hervorragend unsere NOAN Oliven und Macadamias.

Dieses Rezept ist von Roman Firnkranz

Green Creamy Dreamy Smoothie

Intenso

FÜR 1 SMOOTHIE

- 1 Mango (ca. 175 g)
- 1 Banane (ca. 125 g)
- 1 EL Zitronensaft (ca. 15 ml)
- eine große Handvoll Salat oder Blattspinat (ca. 70 g)
- 1 EL NOAN Olivenöl Intenso (ca. 15 ml)
- 100 ml Wasser

Die Mango und die Banane schälen und in grobe Stücke schneiden und in den Mixbehälter geben. Den Salat oder den Spinat (je nach Vorliebe) waschen und eine große Handvoll ebenfalls in den Mixer geben. Mit den restlichen Zutaten 30 bis 50 Sekunden lang mixen – so lange, bis sich eine sämige Konsistenz ergibt. Den grünen Smoothie in ein breites Glas gießen, mit etwas Minze dekorieren und in kleinen Schlucken langsam genießen.

TIPP: Grüne Smoothies sind nicht nur gesund und lecker, sie können auch beim Abnehmen helfen. Mehr dazu erfahren Sie bei Roman Firnkranz (Adresse siehe Seite 135).

Dieses Rezept ist von Kan Zuo

Sul Portuguesa Cocktail

Douro

FÜR EIN GLAS

- 4 cl Gin Sul (Hamburger Gin, versetzt mit portugiesischen Kräutern)
- 4 cl Grapefruitsaft
- 4 cl Provence-Kräuterwasser
- 3 cl Met Wein
- 2 cl Holunderblütensirup
- 2 Spritzer Lavendel Bitters
- 1 Eiklar
- NOAN Olivenöl Douro
- 1 Prise Pfeffer

Garnitur:

- Goldband-Selar getrocknet, leicht gegrillt
- NOAN Oliven

Alle Zutaten bis auf das Olivenöl und den Pfeffer in einen Shaker geben und ohne Eis trocken mixen, bis das Eiklar aufgeschäumt beziehungsweise eine cremige Konsistenz entstanden ist. Dann Eiswürfel hinzufügen und für weitere 15 Sekunden kräftig shaken. In einer großen Cocktailschale abseihen. Das Olivenöl in einen Zerstäuber umfüllen und den Cocktail mit dem Olivenöl besprühen. Zuletzt mit etwas frisch gemahlenem Pfeffer garnieren.

Für die Garnitur:
Zwei bis drei Trockenfische auf einen Schaschlickspieß geben und über einer feuerfesten Schale von beiden Seiten leicht grillen. Außerdem eine kleine Schale Oliven zusammen mit dem Cocktail servieren.

TIPP: Das Provence-Kräuterwasser kann man leicht selbst herstellen: 10 g Kräuter der Provence (üblicherweise eine Mischung aus Bohnenkraut, Rosmarin und Thymian, oft durch Lavendel, Oregano und Majoran ergänzt) mit kochendem Wasser übergießen und mindestens eine halbe Stunde ziehen lassen. Dann durch einen Filter in eine gut verschließbare Flasche abseihen und kalt stellen.

10 Jahre NOAN – Meilensteine

Am Beginn von NOAN stand eine Überzeugung: der Glaube an ein soziales Unternehmenskonzept, mit dem durch Produkte von höchster Qualität auch menschlich eine nachhaltige Veränderung zum Positiven erreicht werden kann.

Ausgangspunkt des Projektes war Griechenland. Auf der Halbinsel Pilion trat NOAN 2008 unter die Olivenölproduzenten mit dem Ziel, den gesamten Gewinn an Bildungsprojekte für benachteiligte Kinder und Jugendliche zu spenden. Aber nicht nur das: Es sollte ein wirklich gutes Olivenöl werden und es sollte entsprechend der Grundidee der Nachhaltigkeit auf allen Ebenen der Produktionskette alles richtig gemacht werden – angefangen bei einem sorgsamen Umgang mit der Natur, über die gute Zusammenarbeit mit den Bauern, den Transfer von Know-how und eine faire Bezahlung, bis hin zur schonenden Verarbeitung der Oliven.

Diese Leitgedanken konnten wir mit dem Abenteuer NOAN in den letzten 10 Jahren verwirklichen. Begeben Sie sich mit uns auf die wichtigsten Etappen unserer Reise:

Frühjahr 2008: Die Idee einer sozialen Unternehmung wird geboren. Mit dem Reinerlös aus der Produktion von außergewöhnlich delikaten Olivenölen sollen Spenden an Bildungsprojekte für bedürftige Kinder ermöglicht werden – eine Art soziales Perpetuum mobile.

Oktober 2008: 1. Testpressung eines Olivenöls unter der Ägide von Duccio Morozzo della Rocca, einem weltweit anerkannten Oleologen, am Pilion in Griechenland.

Oktober 2009: 1. Produktion des Olivenöls NOAN Classic aus Amfissa-Oliven mit feinem und festem Fruchtfleisch am Pilion.

NOAN Classic wird beim Wettbewerb des deutschen Fachmagazins „Feinschmecker" eingereicht und landet gleich unter den Top 50.

Von Flos Olei, dem weltweit bedeutendsten Olivenölführer, wird NOAN Classic unter die besten 500 Olivenöle weltweit gewählt. Das Classic konnte sich über die Jahre von 87 auf 96 Punkte verbessern und befindet sich aktuell in der höchsten Kategorie unter „really excellent".

Frühjahr 2010: NOAN tätigt die 1. Spende über € 5.000,– an den Philips-Schülerfonds für sozial benachteiligte Kinder.

März 2010: Start der jährlichen Schulungen zum Know-how-Transfer und zur Förderung der lokalen griechischen Bauern.

März 2012: Als Geschmacksvariation launcht NOAN das vollmundige und kräftige Olivenöl Intenso aus Italien.

Jänner 2013: NOAN beliefert erstmalig „Fresh Pressed Olive Oil", einen führenden amerikanischen Olivenöl-Club, der jährlich die weltbesten Olivenöle an seine Kunden versendet.

November 2013: In Kooperation mit einem österreichischen Familienunternehmen wird das NOAN-Sortiment um einen Apfel-Balsamessig erweitert, der acht Jahre im Holzfass gereift ist.

März 2014: Das dritte NOAN Olivenöl Douro, ein gemischter Satz aus den portugiesischen Olivensorten Mardural, Negrinha, Cobrancosa und Verdeal Trasmontana, kommt auf den Markt.

September 2014: Sortimenterweiterung im Bereich Essig mit einem österreichischen Trauben-Balsamessig.

Oktober 2014: NOAN Classic gelingt es als erstem griechischen Olivenöl, einen der begehrten zwanzig Awards bei Flos Olei zu gewinnen: Best Frontier Farm 2014 .

Frühjahr 2015: Der Ausbau der Gastronomie-Schiene mit hochwertigen Oliven und Olivenöl beginnt.

Juli 2015: Das Produktsortiment wird um Tafeloliven der Sorte Amfissa erweitert, aus denen das NOAN Classic gepresst wird.

September 2016: Der Bereich Nüsse wird mit dem Launch der australischen Macadamias erschlossen, die auf der eigenen bewirtschafteten Farm geerntet werden.

Oktober 2017: In Zusammenarbeit mit Freunden, Bloggern, Star- und Haubenköchen wird das NOAN-Kochbuch „Live Love Olive" mit über 60 Rezepten veröffentlicht.

Jänner 2018: Die Rekordsumme von € 36.000,– wird gespendet, womit das gesamte Spendenvolumen auf über € 192.000,– steigt.

April 2018: Die erste Lieferung geht an den führenden japanischen Olivenöl-Club „Olive Quest".

Juni 2018: Zum 10-Jahre-Jubiläum wird das NOAN Olivenöl Lemon, ein Zitronen-Olivenöl auf Basis des NOAN Classic, gelauncht.

September 2018: Das Jubiläums-Kochbuch „Live Love Olive – 10 Jahre NOAN" erscheint in limitierter Auflage mit 10 zusätzlichen Zitronenöl-Rezepten.

In den letzten 10 Jahren konnte sich NOAN als ein bedeutender, biologischer Olivenöl-Produzent etablieren, der Einzelhandel, Gastronomie sowie Privat- und Firmenkunden beliefert und mittlerweile nach Deutschland, Dänemark, in die Schweiz und die USA exportiert. Die steigende Nachfrage vergrößerte jährlich das gesamte Spendenvolumen, welches seit 2010 auf € 192.860,– angewachsen ist. Damit wurden folgende Projekte unterstützt:

Österreich	Wiener Lerntafel
	Caritas Lerncafés
	Holly Go Lightly
	Philips-Schülerfonds
	Neuer Wind
	AMC
	Familie S.
Deutschland	Manuel Neuer Kids Foundation
Schweiz	Pestalozzi-Stiftung
Griechenland	5 Schulen am Pilion
Schweden	Mattecentrum
Dänemark	Matematikcenter
Indien	Light of Love
Nepal	Nepal Trust

Nähere Infos über NOAN und zu den Spendenprojekten finden Sie auf www.noan.org.

Grußbotschaften

» Nachhaltigkeit ist mir wichtig, denn sie hat einen Mehrwert. Alles Gute zum 10. Jubiläum! «

HENDRIK OTTO

» Gratulation für 10 Jahre! Wir und unsere Gäste sind vom Olivenöl begeistert! «

DOMINIK STOLZER

» Mit NOAN unterstützt man wundervolle Bildungsprojekte für Kinder. Noch nie hat es so gut getan zu genießen.«

CHRISTIAN DOMSCHITZ

» Happy Anniversary! Das Douro-Öl ist mein NOAN-Favorit.«

JUAN AMADOR

» Meine Gratulation zu diesem tollen Jubiläum! Das NOAN-Projekt ist eine Herzensangelegenheit, die Produkte sind von großartiger Qualität. «

ANDREAS DÖLLERER

» NOAN überzeugt nicht nur geschmacklich, auch das exklusive Design ist ideal für unsere gehobene Küche. «

MARTIN ZEISSL

» Einmal NOAN, immer NOAN. Gratulieren herzlichst! «

SEPP & MARTINA KRÖLL

Grußbotschaften

» Vielfalt, noch dazu eigens produziert – für jeden Zweck das Richtige! «

DENIS KÖNIG

» Ein gutes Olivenöl muss in allen Schritten der Herstellung nachhaltig sein. Deswegen greife ich so gern zum Intenso. «

PAUL IVIĆ

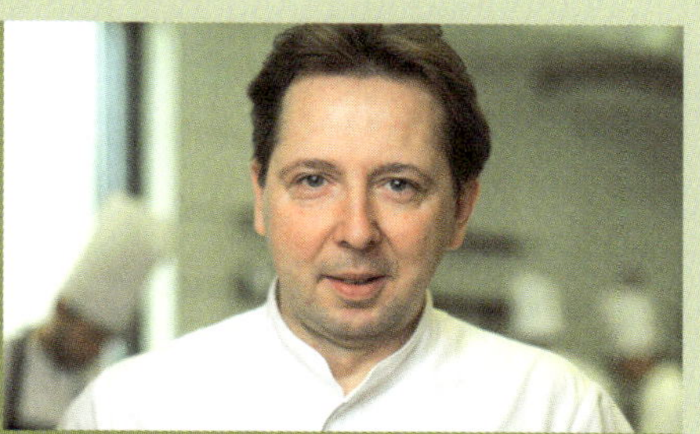

» Gratulation zum 10-Jahre-Jubiläum! Viel Freude beim Nachkochen.«

HEINZ REITBAUER

» Nicht nur das Olivenöl ist großartig, auch die Macadamia-Nüsse sind ausgezeichnet – unsere Gäste lieben sie! «

STEFAN RESCH

» NOAN vereint erstklassigen Genuss mit sozialem Gedanken. Ein tolles Projekt! «

LEO DOPPLER

» Das neue Zitronen-Olivenöl passt perfekt zu unseren Käsen und bringt ein erfrischendes Aroma. «

JOHANNES LINGENHEL

» Das fruchtig-frische Zitronen-Olivenöl harmoniert ideal mit frischen regionalen Fischen. «

ALAIN WEISSGERBER

„Friends of NOAN“-Köche

AGRIGIANNIS, KOSTAS | Griechischer Olivenbauer

Kostas ist ein langjähriger Freund und Olivenbauer in Griechenland. Außerdem kann er hervorragend kochen.

AICHHOLZER, GERALD | Low-Carb-Hobbykoch, IT-Genie

Gerald Aichholzer ist ein langjähriger Unterstützer von NOAN, er kümmert sich nicht nur um unsere IT-Belange, sondern hat uns als begnadeter Hobbykoch viele grandiose Low-Carb-Rezepte kredenzt.

www.noan.org/blog/low-carb-kitchen-video-mit-gary
www.bluemonkeys.at

AMADOR, JUAN

Amador's Wirtshaus und Greißlerei, Wien | ★★

Juan Amador ist ein ganz Großer der Spitzenküche. Mit seinem Restaurant „Amador's Wirtshaus und Greißlerei“ erhielt er auf Anhieb gleich zwei Michelin-Sterne.

www.amadors-wirtshaus.com

BRECHER, THOMAS | Küchenchef und Kochtrainer

Thomas Brecher war Küchenchef in exklusiven Hotels in Tirol (z. B. im „Weisses Rössl Kitzbühel“). Heute ist der diplomierte Diätkoch in seinem Heimatort für die Verpflegung mehrerer öffentlicher Einrichtungen und von Essen auf Rädern zuständig.

DIE JUNGS | Food-Blogger, Köln

Die Jungs, das sind Torsten und Sascha. Die beiden leben ihre Leidenschaft zum Kochen und Backen auf ihrem ausgezeichneten Food-Blog aus.

www.diejungskochenundbacken.de

DÖLLERER, ANDREAS | Döllerer, Golling |

Das Familienunternehmen Döllerer umfasst unter anderem ein Hotel, ein Weinhandelshaus, ein Genießerrestaurant und ein Wirtshaus. In beiden Letzteren versorgt Andreas Döllerer seine Gäste mit gutbürgerlicher Küche und seiner ausgezeichneten „Cuisine Alpine“.

www.doellerer.at

DOMSCHITZ, CHRISTIAN | Vestibül, Wien |

Christian Domschitz ist Chef de Cuisine in einer kulinarischen Top-Adresse Wiens. Im „Vestibül" werden Saisonalität und eine ehrliche Zubereitung hochgehalten.

www.vestibuel.at

DOPPLER, LEO | Hansen, Wien |

Risotto ist für Leo Doppler zur Leidenschaft geworden. Als Chef des Restaurant „Hansen" empfängt er seine Gäste mit mediterran-leichter Küche und verköstigt mit seinem Team Hungrige im Schnellrestaurant „RisottoBox".

www.hansen.co.at

ETZOLD, NORMAN

Edvard im Hotel Palais Hansen Kempinski, Wien | ★

Norman Etzold erkochte mit dem Team des „Edvard" zuvor als Souschef einen Michelin-Stern. Nun ist er Executive Chef im Hotel und sorgt für hohes Gourmet-Niveau.

www.kempinski.com/de/wien/palais-hansen/restaurant/

FIRNKRANZ, ROMAN | Ernährungstrainer

Roman Firnkranz ist absoluter Experte, was grüne Smoothies zum Genießen und Abnehmen betrifft, und hat bereits ein Buch dazu geschrieben.

www.gruene-smoothies.info

IVIĆ, PAUL | Tian, Wien | ★

Keiner kann vegetarische Spitzenküche besser: Paul Ivić hat es im Restaurant „Tian" als einer der wenigen geschafft, mit rein vegetarischer Kost einen Michelin-Stern zu erkochen.

www.tian-restaurant.com/wien

KAMP, MATTHIAS | Mastermind der Albertina Passage, Wien |

Matthias Kamps Idee eines Dinnerclubs mit grooviger Live-Musik sucht seinesgleichen in diesem Lande. Küche und Bar sind ebenso brillant.

www.albertinapassage.at

★ Michelin-Stern | Gault-Millau-Haube

KLEIN, MARTIN | Ikarus, Salzburg | ★★ 🍳🍳🍳

In der Küche des Restaurant „Ikarus" im Hangar-7 hat Martin Klein das Sagen. Als Executive Chef sorgt er mit seinem Team und den monatlich wechselnden Gastköchen für beflügelnde Genüsse und Variation im Menüplan.

www.hangar-7.com/de/restaurant-ikarus

KÖNIG, DENIS | Le Salzgries, Wien | 🍳

Denis König ist Meister der französischen Cuisine. Davon überzeugen kann man sich in seinem Haubenrestaurant „Le Salzgries" im ersten Wiener Gemeindebezirk.

www.le-salzgries.at

LETZ, ROBERT

Im Park, Schlosspark Mauerbach, Niederösterreich | 🍳

Im Haubenrestaurant „Im Park" im Schlosspark Mauerbach in Niederösterreich kombiniert Robert Letz Köstlichkeiten aus Bodenständigkeit und Kreativität.

www.schlosspark.at

LINGENHEL, JOHANNES | Lingenhel, Wien | 🍳

Johannes Lingenhel verwöhnt seine Gäste im eigenen Restaurant mit dazugehöriger Käserei. Ehrliche, hochwertige Zutaten sind die Hauptelemente seiner köstlichen Küche.

www.lingenhel.com

NEGÜZEL, ORHAN | Café Landtmann, Wien

Orhan Negüzel ist Küchenchef im Café Landtmann, einem der elegantesten traditionellen Kaffeehäuser Wiens.

www.landtmann.at

NEUHERZ, JOSEF | Collio im Hotel Triest, Wien | 🍳

Der sympathische Josef Neuherz beglückt seine Gäste mit Interpretationen norditalienischer Küche im Restaurant „Collio" im Wiener Hotel Triest.

www.dastriest.at

OTTO, HENDRIK | Lorenz Adlon Esszimmer im Hotel Adlon Kempinski, Berlin | ★★ 🍳🍳🍳

Zwei Michelin-Sterne sprechen für sich: Hendrik Otto ist Küchenchef im „Lorenz Adlon Esszimmer" im Hotel Adlon Kempinski Berlin.

www.lorenzadlon-esszimmer.de

PALLA, ALEXANDRA | Food-Bloggerin, Designerin, Gründerin des Austria Food Blog Award

Alexandra ist Expertin, was Kulinarik und Food-Blogs betrifft. Neben ihrem Blog mit eigenen Produkten im Webshop betreibt sie ein Studio, das etwa als Schauraum oder Bloggerküche genutzt wird.

www.alexandrapalla.at

- Panzanella rough cut 26
- Chimichurri 133

PHILIPP, MARCUS | Albertina Passage, Wien | Diageo World Class Austria 2017 Winner

Marcus Philipp ist ein Weltklasse-Barman – und das ganz offiziell. Als Sieger der Diageo World Class Austria 2017 nahm er am globalen Wettbewerb in Mexiko teil und schaffte es dort ins Finale der zehn besten Cocktail-Mixer der Welt.

www.albertinapassage.at

- Crazy Funky Fizz 138

PLANETA, SONJA | Food-Bloggerin

Auf Sonja Planetas kulinarischem Blogazine findet man grandiose Rezepte und Porträts von Persönlichkeiten aus der Kulinarik-Szene.

www.complimenttothechef.com

- Büffelmozzarella mit Tomatenrelish 36

QUESTER, ALI UND KAJA

Questers feine Fische, Mariazell, Steiermark

Ein Sturm beendete vorläufig die leidenschaftlichen Bemühungen der Questers rund um ihre Bio-Fischzucht. Top-Gastronomen warten schon auf ein Revival. Leidenschaft und wertvolle Erfahrungen werden in ein neues Projekt einfließen.

- Fischburger 81

REITBAUER, HEINZ | Steirereck, Wien | ★ ★

Heinz Reitbauer, von Gault Millau als Koch des Jahrzehnts gekürt, ist einer der vier Köche in Österreich, der mit vier Hauben ausgezeichnet wurde. Im „Steirereck" im Wiener Stadtpark kocht er österreichische Küche auf höchstem Niveau.

www.steirereck.at

- Rosa Bianca Melanzani mit Vanille & Eisenkraut 90

RESCH, STEFAN | The Bank Brasserie & Bar im Park Hyatt, Wien |

Sein kulinarischer Weg führte ihn bereits nach Berlin, Zürich und Tokio. Aktuell ist Stefan Resch Küchenchef der „The Bank Brasserie & Bar" im Park Hyatt Hotel Wien.

www.restaurant-thebank.at

- Melanzani-Toast 49
- Kabeljau mit Kapern-Sherry-Vinaigrette 75
- Himbeer-Zitronen-Tarte 118

STAHL, ANDRÉ | Wiesergut, Hinterglemm

André Stahl erkochte zuvor zwei Hauben für das „Caramé" in Velden. Nun serviert er den Gästen des Design- und Wellnesshotels Wiesergut köstliche Speisen mit Naturprodukten aus der familiengeführten Landwirtschaft.

www.wiesergut.com

- Gazpacho Carabinero 61

STOIBER, FLORENCE | Food-Bloggerin, Fotografin

Florence Stoiber ist Food-Bloggerin und professionelle Fotografin. Ihr haben wir es großteils zu verdanken, dass dieses Buch auch optisch ein Genuss ist.

www.avocadobanane.com | www.florencestoiber.com

Bruschetta 52

STOLZER, DOMINIK | Grüne Bar im Hotel Sacher, Wien |

Dominik Stolzer ist seit 2015 für die Kulinarik im Hotel Sacher in Wien verantwortlich, wo er klassische Gerichte weiterentwickelt und gleichzeitig die Tradition des Hauses hochhält.

www.sacher.com

Soufflierte Stubenkükenbrust 94

TURCO, VITTORIO | Privatkoch

Vittorio Turco ist ein grandioser sizilianischer Koch und hatte in Wien bereits mehrere Restaurants.

Tartare di branzino 53

WEISSGERBER, ALAIN | Taubenkobel, Schützen im Gebirge |

Der gebürtige Franzose ist der Küchenchef im Gourmetrestaurant „Taubenkobel“ in Schützen im Gebirge. Im Taubenkobel stehen regionale Produkte und traditionelle Zubereitungsweisen im Vordergrund, und das seit mehr als 20 Jahren.

www.taubenkobel.com

Marinierter Karpfen mit Navetten 35

WRAPSTARS | Wrap-Experten im Foodtruck, Wien

Die Wrapstars lieben Wraps, sind im Foodtruck unterwegs und machen Catering auf diversen Events.

www.wrapstars.at

Couscous-Wrap 111

ZEISSL, MARTIN | Motto am Fluss, Wien |

Martin Zeißl kann mit seinen jungen Jahren schon auf eine steile Karriere zurückblicken. Als Küchenchef im Wiener Restaurant „Motto am Fluss“ interpretiert er österreichische Küche neu.

www.mottoamfluss.at

Gegrillter Römersalat 31
Lachstarte mit Gemüsevariation 60
Gegrilltes T-Bone-Steak 73
Lammkronen mit Gröstl und Herzkirschen 104

ZUO, KAN | The Sign Cocktail Lounge, Wien

Kan Zuo ist das Mastermind in der „The Sign Cocktail Lounge“, einer der besten Cocktailbars des Landes.

www.thesignlounge.at

Sul Portuguesa Cocktail 140

Register

Vorspeisen

Hauptspeisen

Der Schwierigkeitsgrad der Gerichte ist folgendermaßen angegeben:

- leicht (1 Olive)
- mittel (2 Oliven)
- anspruchsvoll (3 Oliven)
- für Experten: involviert Profitechniken bzw. außergewöhnliche Ingredienzen (4 Oliven)

Bildnachweis:

Florence Stoiber: 9, 10, 13, 15, 17, 19, 21 (links oben), 22, 24, 26, 27, 28, 30, 33, 34, 38, 40, 41, 42 (oben), 45, 47, 48, 50, 51, 52, 53, 54, 56, 57, 58, 60, 61, 62, 64, 67, 68, 71, 72, 73, 74, 76, 77, 79, 80, 82, 85, 86, 88, 91, 93, 95, 99, 100, 103, 105, 106, 109, 110, 112, 115, 116, 119, 120, 121, 122, 124, 125, 127, 129, 130, 132, 133, 134, 135, 136, 138, 139, 141, 142 (oben links, unten), 143, 148 (Amador, Döllerer, Hendrik, Kröll, Zeißl), 149 (Doppler, König, Lingenhel, Reitbauer, Resch),155, 156 (oben)

Ernst Kainerstorfer: 4, 117, 142 (rechts unten), 146

Bernard Steffin: 8, 21 (rechts oben und unten), 144

Mario Sageder: 145, 156 (Fotos unten), 157

Christiane Moser: 7, 20

Sonja Planeta: 37

Amador: 46

Barbara Schmauss: 42 (unten)

Helge Kirchberger Photography/Red Bull Hangar7: 96

Alexander Haiden: 148 (Stolzer)

Ingo Pertramer: 148 (Domschitz)

Jürgen Hammerschmid: 149 (Ivić)

Philipp Horak: 149 (Weissgerber)

shutterstock: Olivenölicon für Schwierigkeitsgrad